「ママ育事件」の考察

裁判記録から事件の真実を推論する

大河　素

目　次

五、裁判

目次

「過去を探求するのは、未来に向けての跳躍台を見つけるためである」

モハンマド・ハタミ

「文明の対話」より

この原稿は十年ほど前に書いたものだが、関係者用に一部印刷しただけで眠っていた。

今年は事件発生から五十年目になる。

この間、国内外の情勢は大きく変化した。先進国は生産拠点を賃金の安い発展途上国へ移し、自国の生産は空洞化しつつある。代わって金融資本が先進国で経済を左右する時代になった。どこの国でも正規の労働者を減らし非正規労働者を増やしていて、労働組合も弱体化し、今や昔日の面影はない。

元来は作為の存在を論証して組合員の名誉を回復したいという思いから書いたものだが、五十年前の、資本と警察や裁判所の姿を今日のそれと重ねてみる意味を思い、事件名以外の固有名詞を架空のものと差し替え、業界用語に簡単な説明を加えて、多くの人に読んでもらえるようにしたものである。

平成二十七年（２０１５年）五月

まえがきにかえて

昭和四十年（一九六五年）五月六日、某民放で、放送中のテレビ番組に争議中の組合員の労働歌やシュプレヒコールが入るという事態が生じた。

某部長の「組合員が扉を押し開けた」という嘘《うそ》の供述によって、「…放送中のスタジオの扉を押し開き騒音を混入させるという凶悪な犯罪が行われた」（逮捕状要旨）として組合員八名が逮捕された。

この部長は、逮捕された者が全員釈放された後になって、「扉を開けたのは自分であったことを思い出した」と供述を翻したが、組合員四名が「威力業務妨害」で起訴された。

この裁判は一審では無罪、二審（控訴審）では多少行き過ぎではあるが刑罰を科すほどの違法性は無いとして控訴棄却（無罪）、上告審（最高裁）では自判により有罪（罰金刑）となった。番組名にちなんで関係者は、この事件を「ママ育事件」と呼んでいる。

この事件は、前記部長が「組合員が扉を押し開けた」と始めに嘘を言ってしまったため、実は自分が扉を開けたとは言い出せなくなって大きな事件になってしまったもので、まさか故意に嘘の供述をしたわけではないだろうという見方が組合員の中でさえ支配的であったように記憶している。

人は誰でも、保身のために自分に有利な弁明をし、時には嘘もつくものだというのである。

最高裁の判決が出て法律的にはすでに決着のついた、四十年近くも前のこの事件に私はこだわりを持ち続けてきた。

この事件発生当時、私は組合の役員ではなかったが、事件直後から数年の間執行委員を務め、一審裁判では特別弁護人（刑事訴訟法第三一条参照）として弁護団に加わった。

特別弁護人という立場にあったので、事件当時の関係文書はすべて読んでいた。逮捕の直接の根拠となった岸辺、多田の調書は信じられないほど悪意に満ちたひどい嘘であった。しかし、多くの人はそんな調書があったことすら知らない。

私は、あのひどい調書のことが忘れられなかった。あれからほゞ四十年がたち、関係者のかなりの人が生涯を終えた。私自身も限界を感じないではいられなくなった。資料を早く整理しておかないと、あのひどい調書の存在すら忘れられてしまう。さいわい、関係書類（残念ながら完全とは言えないが）、証拠として提出された写真、放送同時録音テープ（ともに複写物）は組合の倉庫で無事に保存されていた。多くは手書きの書類であり、バラバラの資料の中には順序さえ分らないものもあった。これらの資料を誰にでも読めるように整理しておけば、いつの日にか誰かが真実を読みとってくれるのではないか、そして、真実が明らかになれば、刑事事件の被告人にされ罰金刑を受けた者はもとより、誤解に基づく言われのない差別や誹謗中傷に耐えた多くの人々の名誉をいくらかでも回復することができるのではないか、このような思いを込めて資料を整理しワープロに入力した。さいわい労働組合の理解を得て製本してもらうことができた。

永年、心に抱いてきた疑問の一つは、本当に偶発事件であったのだろうか、どこにも何の作為も無かったのだろうか、作為があったとしてもその証明は不可能なのだろうか、という思いである。

もう一つは、最高裁の判決文にある「…被告人らの本件行為は、動機・目的その他原判決の判示する諸般の事情を考慮に入れても、法秩序全体の見地からして、とうてい許容・宥恕されるものとは言い難く…原判決及び第一審判決を破棄しなければ著しく正義に反する…」云々の項である。

裁判所のいう正義とは何か、法とは、法秩序とは、裁判とは、などと思い続けてきた。

もし作為による事件であったとしても、最高裁の言う正義には変わりは無いのだろうか。

（〔教唆犯〕
刑法第六一条　人ヲ教唆シテ犯罪ヲ実行セシメタル者ハ正犯ニ準ス
（教唆犯は、漠然と不特定の犯罪を惹起させる行為では成立しないが、一定の犯罪を実行する決意を生じさせるものであれば足り、指示・指揮・命令・嘱託・誘導・慫慂、その他手段・方法の如何を問わない。
（最判昭二六・一二・六刑集五ー一三ー二四八五））
もし事件が作為によるものであったのなら、それこそが犯罪であり、正義にもとるのではないかという思いである。
裁判の原則は刑事訴訟法の定めによる。
〔証拠裁判主義〕
刑事訴訟法第三一七条　事実の認定は、証拠による。（注　供述も証拠である）
（判決で認定する事実は、…すべて適法な証拠調べをなした証拠によって認定することを要する。

（東京高判昭二十五・七・二九高刑集三－二－三四八）

（訴訟上の証明は、いわゆる歴史的証明であって、「真実の高度な蓋然性」をもって満足する。いいかえれば、**通常人なら誰でも疑いをさしはさまない程度に真実らしいとの確信を得ること**で証明ありとするものである。

（最判昭二三・八・五刑集二－九－一一二三）

（刑事裁判において「犯罪の証明がある」とは「高度の蓋然性」が認められる場合をいい、それは、**反対事実の存在の可能性を許さないほどの確実性を志向したうえでの「犯罪の証明は十分」であるという確信的な判断に基づくもの**でなければならない。

（最判昭四八・一二・一三判時七二五－一〇四）

〔自由心証主義〕

刑事訴訟法第三一八条　証拠の証明力は、裁判官の自由な判断に委ねる。

（証拠の取捨選択及び事実の認定は、事実審査裁判所の専権に属するが、**それは経験則に反してはならない**。

最判昭二三・一一・一六刑集二－一二－一五四九）

素直に読めば、社会通念に反した判決が出るはずはないのだが、そうはいかないのが現実である。記録が整理され詳細に検討できるようになったので、改めて資料を分析してみれば裁判当時気付かなかったこともいろいろと読みとることができるのではないかと思うようになった。

公式記録（警察・検察調書、公判記録）がすべて嘘のない証言であるわけはないが、このように述べたという事実は信じることができる。録音テープは物理的、客観的資料である。生《なま》の資料には伝聞や要約・解説などと違う、資料そのものからの語りかけがある。しかし、これらの資料も読む者、聞く者の経験や知識、感性、立場などが違えば、読みとれる真実も違ってくるだろう。それはそれでやむを得ない。

供述やテープなど資料の分析は、今考えられる最も有効な方法であると思うが、解釈は主観的にならざるを得ないから、解釈に当たっては前記最高裁の指針を尊重したつもりである。

主観的な解釈という批判は承知の上で、公式記録には残っていない伝聞や私自身の目撃したことなどと共に、私の考えたことを敢えて記録に留めておきたいと思う。

事件の全記録を読むのはかなり大変なことなので、供述や論告、判決等の要点を抜粋し、それぞれの概要の説明に替えた。

番組名以外の固有名詞はすべて置き換えたが、事実関係は変えていない。

平成十六年（二〇〇四年）四月

元特別弁護人　大河　素

一、本事件に至る労使関係の概略と事件の概要

本事件に至る労使関係の概略

本件が発生するまでの、この会社の労使関係を簡単に述べておこう。会社によって多少は違っても、開局当時の民放の事情は、どこも似たようなものであったと思われる。

昭和二十六年民間ラジオ局が、昭和二十八年民間テレビ局が開局した。今まで日本に無かったコマーシャル収入で経営して行く放送事業の将来がどのようなことになるのか、当時は誰にも予想がつかなかったに違いない。

新しい事業の経験者は日本には居なかった。NHK、映画会社、レコード会社、通信機メーカー、放送事業の母体となった新聞社からそれぞれの経験者が迎えられた。この人達をどのような条件で採用したかは想像するしかないが、整った形態での労働条件・賃金に関する契約があったとは思えない。

業務が一応軌道に乗った頃、労働組合が結成された。当時、同じ仕事をしていたNHKと比べて人員は半分ぐらいであり、仕事は不規則、深夜労働は無制限、時間外手当も査定され、そのうえ固定であった。組合の要求は、ベースアップ・時間外手当・家族手当などに関するものであった。多様な前歴を考えると賃金体系はすっきりできなかったものと思われる。

会社は、必要な要員を確保するため、新入社員、移籍した社員（以上は正社員）の他に臨時採用も行って、その身分を雇員および傭員とし、それぞれ正社員の何割引かの処遇とした。このようにして賃金体系も雇用形態も複雑さを増していった。

従業員は社員、準社員、雇員、傭員、効果団（効果音の専門家集団）、交換手、守衛、運転手などで構成され、全員の社員化、賃金体系の明確化、賃上げは常に組合の課題であった。昭和三十三年には一応のモデル賃金体系が出来たが、多様な職歴を持つ者が多かったため、「絵にかいた餅」と言われていた。

テレビ放送が軌道に乗った頃、会社側管理職からも自分の部下の社員化に組合の尽力が期待されるようになっていた。

私が初めて執行委員になった昭和三十四年頃までのことは伝聞でしか分からないが、三十五年頃まで、組合は会社の思いのままに扱われていたと言っても過言ではなかったようである。団体交渉の席で、当時の社長から、結成間もない若い組合の指導者の混乱ぶりと、混乱の収集策を執行部に授けた話を聞いたことがある。

ほゞ毎月労使懇談会があった。費用は会社が持った。団体交渉が長引くと寿司などの出前があった。歴代委員長で引退後に、冷遇された者は居なかったと記憶する。通俗的な表現であるが、いわゆる御用組合であったと言っても差し支えないと思う。

事態が変わって行ったのは昭和三十五年、「六十年安保の年」である。安保条約改定に関して国民的な反対運動が展開され、新聞をはじめマスコミはこぞって国民の側についた。大きな反対運動の最終場面、国会批准の直前の六月十七日、日本の新聞は（七社）共同宣言を発して国民的反対運動に冷水を浴びせた（六月十八日中野好夫は朝日新聞「声」の欄で抗議している）。岸総理は退陣し、アメリカ大統領の訪日も取り消されたが条約は批准された。国民的運動は挫折したかに見えたけれども、この国民運動の一翼を担った労働組合の勢いは持続した。とりわけ民放労連の取り組みは雑誌「世界」でも高く評価された。

組合は昭和三十五年春闘ではほとんど成果があげられなかったが、昭和三十六年春闘では、ストライキ直前で大幅ベースアップと身分制撤廃に成功した。効果団の社員化は半数が先送りされた。

この春闘の後、会社は直ちに労務政策を強硬策に切り替えた。従来労使双方の合意事項であった課長の組合員資格を一方的に剥奪した。課長からは連名の脱退届が提出された。

この年、民放に相次いで組合が結成され、他社では年末にストのため停波したり、ロックアウトがあったりした。一方、この会社の労働組合も組合結成以来初めてのストライキを打ったものの単なる職場放棄以上になすすべもなく、要求は入れられなかった。会社は社内放送で執行部を非難するなど露骨に干渉した。郵政大臣が民放のストを規制したいと言い出したのもこの年のことであった。

昭和三十七年は激しい春闘となった。課長問題・組合費チェックオフの拒否などの会社の強硬な組合対策、前年の年末闘争での、他の組合の激しい闘争に比べて何もできなかったことなどへの反動でもあった。この年、組合は七十三時間に及ぶストライキを打ってピケを張った。社長は団交の席で、組合の行動を違法と非難した。組合は判例に照らして違法ではないと反論した。社長は、「それなら僕が違法であるという判例を作ってみせる」と言った。この春闘で、初めて警察が姿を現わした。当時の総務局長は「君らは巧妙で、証拠を残さなかったから立件できんよ」と苦笑した。

「ひとりっ子」などの番組への介入で放送中止が目立ったのもこの年である。(『「ひとりっ子事件」その真実と回想』関東民放くらぶ　第三五号　に番組制作者　秦　豊氏（ＲＫＢ）の回想がある。)

昭和三十八、九年にかけて会社の組合対策は一層強化され、活動家を積極的に配置転換し、課長を増員し、組合掲示板の内容にクレームを付け、集会所の使用目的にも干渉するようになった。

四十年春闘

昭和四十年の春闘は賃金体系の改訂期に当たった。会社は組合の要求に対して、職務給を導入するという逆提案をした。団交は極めて強硬で、会社の回答を呑むか否かという高圧的な態度で臨んできた。会社の争議対策ばかりが目立ち、事態は全く進展を見ないまま春闘は五月を迎えた。

会社にはピケが違法だという判例を作りたいという動機があった。会社は、これがマスコミ企業かと思うほど汚い争議妨害と挑発を繰り返した。会社の強硬な姿勢から、刑事事件発生の危惧を肌で感じていた者は少なくなかったはずである。

争議が始まると多田庶務部副部長はトレーニングウエアー、スニーカーといういでたちで組合の活動に挑発と嫌がらせを繰り返した。このため、誰もが多田は会社から組合対策の特命を受けているものと思っていた。組合員がいつも集まるロビーには大口径のトランペットスピーカーが取り付けられ、組合員が集まると大音響で音楽を流し集会を妨害した。組合員がたやすく社内を移動するのを妨害するため、至る所を施錠し、鍵のないところは新たに鍵をつけた。中継車にピケが張られると、建物の屋上から音楽テープを逆転させ大音響で嫌がらせをした。このため社外から苦情が出たほどである。

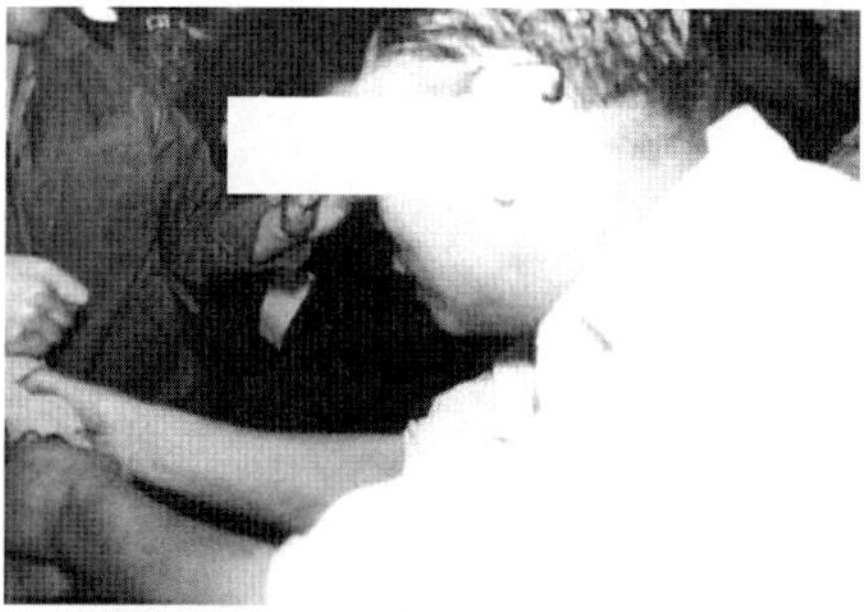

機動隊と一緒になって
実力排除する多田猛
（労働組合写真班撮影）

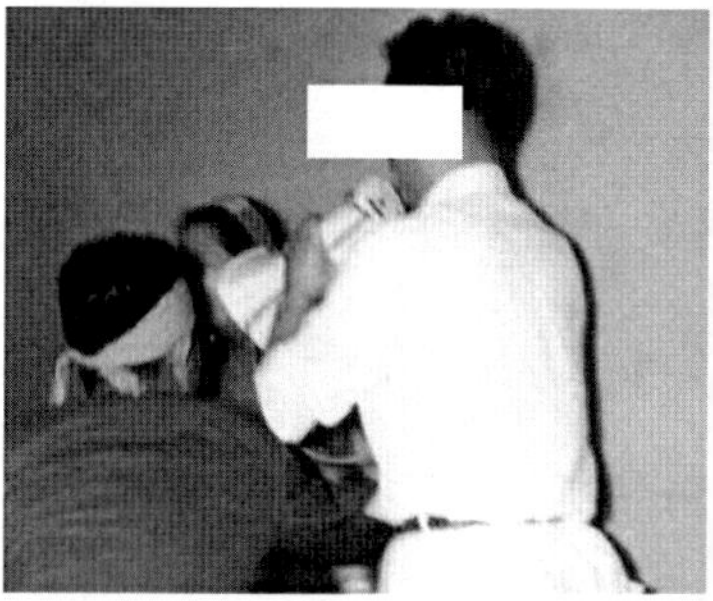

電気メガホンでいやがらせを
している多田猛
（労働組合写真班撮影）

機動隊が実力で組合員を排除してロックアウト
（労働組合写真班撮影）

ロックアウトのとき、多田と彼の部下は機動隊と共に組合員を実力で社外に排除した。その際、電気メガホンを組合員の耳のすぐ傍に当て大声で嫌がらせをした。ロックアウト中、組合員が芝生に入るのを見て、芝生に鶏糞をまき、さらにその上に水をまいた。いずれも多田庶務部副部長がかかわっている。

この年マスコミ各社で刑事事件が多数発生したという政治的・社会的状況があったことも付け加えておかなければならないと思う。私は一九六〇年の安保反対運動時における労働組合の果たした役割とその後の民放労連各組合の活動が深くかかわっているものと思っている。

この年の春闘では、東京十二チャンネル（現テレビ東京）、東京支部連合会（このうち、ＲＫＢ毎日放送、テレビ西日本放送、中国放送）、福井放送、毎日放送、山陽放送、東京新聞、福井新聞で逮捕、ロックアウト、解雇、停職、休職などマスコミ各社で事件が発生している。単なる偶然とは考えられない。

事件の概要　（発生から起訴まで）

この年のいわゆる春闘では、会社は回答を呑《の》むのでなければ団交を開かないと言い、その一方で争議対策を強化し強硬な態度で臨んできた。

このため争議は長引き五月に入り、組合も闘争を強めていった。

五月五日　中央闘争委員会は、翌日マラソンの下見に出発する中継車にピケを張ることとし、秘密が漏れないよう、社外の某組合員宅でその打ち合わせを行った。その際、「ママの育児日記」という番組がスト終了直後の放送となるため番組を担当するスタッフが困るので、その人達のストをどうするかが話し合われた。その結果、制作技術出身の中闘（中央闘争委員）である茨木宏が六日の朝、番組担当者から意見を聞いてきて決めることになった。

（注　労働組合は争議が始まると中央闘争委員会を設け、執行部の他に各職場から委員を選出し執行部体制を強化する。この委員を中央闘争委員、略して「中闘」という。）

六日朝書記局での中闘会議でストライキの時間が決められた。その際茨木中闘がどのように報告したのか誰の証言にもないが、「Dスタ（スタジオ）とDサブにピケが必要だというのでそれを了承した、その際具体的な行動は臨機応変の処置が必要なので現場の中闘に一任した」という委員長の証言がある。前日の会議の経過から考えて、茨木中闘が担当者の意見を聞き、その報告の結果決まったものと考えるのが自然である。

（注　サブとは副調整室のこと。ここで音声や映像の切り替えや合成などの操作が行われ、番組の体裁が整えられる。一方、一日の予定表に従ってスタジオ毎に切り替えるのが主調整室・マスターである。ここは局全体の中枢部で番組の運行も監視する。）

五月六日　宿泊勤務の組合員が午前十時前から中継車にピケを張った。全組合員は正午から午後一時三十分までストに入り、ピケに合流した。

正午少し前、茨木中闘はママ育スタッフがリハーサルをしているDサブとDスタへ、正午からストライキに入るので職場を放棄するようにという指令を伝えに行った。

会社側管理職員は闘争体勢に入ると、いつストに入っても直ちに組合員と交代できるよういつも組合員の傍《そば》に付いていた。組合員はこれら管理職員に仕事を引き継いで職場を離れた。管理職員は直ちにスタジオの中で、当日予定されていた人形劇が自分たちで放送できるかなど、業務の打ち合わせに入った。この間、サブは音声担当の山崎明副部長ただ一人であった。番組の最高責任者芦田越蔵次長が人形劇は中止すると決めたので照明担当の小西課長がサブへ戻った。十二時二十分頃、山崎はサブに大勢の組合員がいることに気付いた。小西は照明装置しか扱えない。山崎と小西の二人では放送はできないから、スタジオのフロアーにいる内田安雄課長にそれとなくサブへ来るよう呼びかけた。フロアーの管理職員たちはサブの状況に気付いてサブへ入ろうとしたがピケに阻まれて入室できなかった。山崎はピケを張られてママ育の放送ができなくなったので代替番組の用意をしてくれと放送本部へ電話した。電話はサブにしかなかった。放送本部というのは争議中の放送を統括していた組織である。ここでは管理職員の代替要員としての日々の勤務割りも作っていた。

フロアーとサブの間はインカムで話はできた。

（注　電話交換手が使っているような、頭にかけるマイク付きヘッドホンのことをインカムと呼んでいる。本来はインカムとはスタジオとサブのスタッフとが通話するシステムのことである。）フロアーの芦田次長は二人ではどうしてもやれないかと山崎に聞いた。山崎はカメラ一台・マイク一本ならなんとかなるでしょうと答えた。それならそのように準備してくれと芦田が指示を出した。（この辺りのことは各供述による）

サブには、スタジオに向って左から音声調整用の音声卓、デイレクター卓、映像の切替をするスイッチャー卓が並んでいる。デイレクター卓にはインターホンがあって、全てのサブと通話ができ、また通話しているサブのランプが点灯してどこから呼んできたか、どことどこが通話中か一目で分かるようになっている。

山崎がスイッチャー卓に近づくと茨木中闘は体を覆い被せるようにしてスイッチャーの操作を阻止した。このためDサブで映像は操作できなくなった。山崎は無理矢理スイッチを押さなくてもCスタのカメラを使えば放送できると思っていたと供述している。

フロアーの管理職員たちの供述はまちまちで、誰の供述が真実か分からないが、裁判所は芦田次長の供述を採った。それによると芦田次長は放送を諦め代替番組の用意をするようにと、スタジオの裏側にある大道具制作会社の事務所から放送本部へ電話した。そこからDスタへ引き返す途中Cスタの扉が開いているのを見て、Cスタのカメラの使用を思いつき皆に話をしたら賛成してくれたのでCスタカメラを使うことになったというのである。（他の供述とは矛盾が多いがここではとりあげない。）

このままでは放送は出せないが、隣接するCスタジオからカメラを引き込めばなんとか放送ができきる。ピケを張っていた組合員の中からその不安の声が出た。山崎はインターホンのランプの点滅を見て、隣接のCスタのカメラを使い、一サブを経由して放送する準備が行われていることを知った。当時フイルム番組や中継番組に使用していたマスター付属の副調整室を一サブと呼んでいた。

ピケを張って時間が経《た》ってくると、茨木はCスタのカメラが使われるのではないかと心配になりCスタを見に行った。そこでは管理職員がカメラにケーブルを接続していた。茨木はDサブに引き返し組合員に報告した。このとき、Dサブの組合員はCスタからカメラを引き込んでカメラ一台マイク一本で放送しようとしていると言ったと茨木は供述している。（ここでは供述の矛盾や不合理な点には触れない。）カメラは一台、マイクは一本、スタジオの扉は隣から引き込んだカメラのケーブルを挟んで閉らない。ここでは誰も触れなかったがDスタジオの防音シャッターの故障はスタジオ関係者はみんな知っていたようである。こんな不完全な状態で放送を強行しようとしているのは許せない。なんとか抗議して放送をやめさせようという声が出たので（茨木の供述による）茨木は中継車ピケのところにいた委員長にその旨を伝え、なかなかうんと言わなかった委員長を口説き落とし抗議行動の指示を出させた（私は傍で聞いていた）。この時刻は放送開始直前であった。（茨木は、サブの組合員の意向を伝えたのは複数の中闘で、その中闘が相談した、抗議行動の指示を出したのは副委員長であったと証言しているが裁判所はこの嘘の証言を採らなかった。）

この扉はDスタジオ西の大道具室側にある。扉の前には組合員二、三十人が集まった。通常組合員が集まるときにはスピーカー付きのマイクを使用していた。三ワットという小さいものだが、肉声よりはかなり大きく聞こえる。このマイクを使用して扉の隙間に向かってシュプレヒコールと労働歌を歌ったのである。スピーカー部分だけ離して使っていたので、組合員の中にはこのスピーカーを扉の隙間に押しつける者がいた。中にいた管理職員はカーペットを隙間に当てて音を防ごうとしたが、そのカーペットを引っ張った者がいて、裁判所は供述からカーペットを引き抜いたものがいたと認定した。訴因にはなかったのだが、最高裁でこのことが問題にされた。もちろん誰の行為かは分からない。(後に述べるがカーペットは引き抜かれていなかったと推論できる。)

放送が始まって、放送の音に騒音が入っていることを知り、庶務部副部長多田猛がポラロイドカメラを持ってかけつけた。多田はこの扉から中に入り、扉を開けて中から組合員の写真を撮った。このとき多田庶務部副部長の指示で扉を開けたのは岸辺順一制作技術部長であった。扉はその後約二分間開放されたまま放置された。

会社は組合員が放送中のスタジオに騒音を入れたのはけしからんと抗議してきた。現場にいた組合員の話から岸辺が扉を開けたことが分かり組合からその旨反論しているが、会社は終始組合員が扉を押し開けたと主張し続けた。

争議の経過を日付順に追ってみると大体次のようになる。

五月　六日　事件発生（写真撮影）
　　　十二日　放送同時記録装置からコピーして証拠テープを作った。
　　　十九日　警察に写真を提出。なぜかテープはこの二週間も後まで提出しなかった。
五月　二十日　ロックアウト（機動隊が手助け）

二十一日　〃
二十二日　〃
二十三日　〃
二十四日　〃　（社長・専務と組合三役とのトップ会談）
二十五日　ロックアウトを解く
六月　五日　警察にテープを提出。
写真撮影から警察への提出まで約二週間。この写真はポラロイドであったから、原板が残っていない。
十二日に作った証拠テープの警察への提出は六月五日。これも原本がない。原板の無い写真と原本の無い複写テープ。その証拠能力は必ず問題になる。立件できるか、訴訟の維持が可能かなど、十分検討されただろう。
五月十九日写真を警察に提出した。ロックアウトの前日である。法律上の手続きの如何に関わらず、これは事実上の告訴である。遅くとも五月十九日には会社の刑事事件として立件する方針は決まっていて、警察または検察に公式に伝えていたのである。
写真やテープの証拠を提出するに当たり、現場にいた岸辺、多田をはじめ他の者からも、会社として事情の聴取はしたに違いない。
六月　十七日　竹田調書　Ｃサブ使用に至った事情
二十九日　人事部長調書　争議の経過

開示された調書は六月十七日の竹田調書が最初である。このとき、すでに事件の細部を供述しているのだが、会社としての争議に関する供述調書は六月二十九日の人事部長の調書まで無い。写真提出時に、警察は写真だけ受け取って何も聞かなかったとは考えられない。

この後、被疑者を逮捕する前に、多くの人から調書をとっている。次に岸辺、多田、茨木の供述分を中心に抜き出した。（社外の人の調書で開示されたもののうち、最も早いのは六月十九日。）

七月十二日　岸辺調書　組合員が扉を開けて騒いでいた。

七月十四日　多田調書　当日の全般的な説明。写真を撮った時の状況。写真に写っている者の名前の証言。

七月十九日　岸辺調書　じゅうたんを引き抜かれた。

八月　三日　組合員五名（茨木、仁科、渡瀬、北岡、小阪）逮捕。

八月　四日　渡瀬調書　岸辺が扉を開けるのを見た。自分の行動、見聞をかなり詳細に供述。

八月　四日　北岡調書　管理職員が扉を開けた。

八月　五日　北岡調書　扉を開けた管理職員の名は言いたくない。

（この日、岸辺の面通しをしている）

八月　五日　岸辺調書　私は扉を開けた記憶はありません。…勢いをつけるために開けようとしたまでで…。組合員らの力で押し開かれたことに間違いはない。

八月　六日　組合員一名（中山）逮捕（注　旅行中で不在のため逮捕が遅れた）

八月　七日　茨木調書　ここまでの供述は開示せず。

八月　九日　茨木調書　　　　　　かなり供述しているがまだ人名は出していない。
八月　九日　仁科調書　　　　　　かなり詳細に供述。人名も。五木副委員長、木口中闘の名が出た。
八月　九日　中山調書　　　　　　ここまでの供述は開示せず。かなり詳細に供述。
八月十三日　　　　　組合員二名（五木、木口）逮捕　　かなり詳細に供述。
八月十三日　　　組合員六名釈放（茨木、仁科、渡瀬、北岡、小阪、中山）
八月十六日　　　組合員二名釈放（五木、木口）
八月十九日　岸辺調書　　　　　　**その後よく考えてみると私が初めの方で扉をよく閉めようと思って勢いをつけるために引き開けたことを思い出しました。**
九月　一日　茨木調書　　　　　　渡瀬君が（抗議に行こうと）述べたと言ったのは言い過ぎでした。副委員長が決定を下したと言ったが、断定できません。
十月二十三日　四名起訴（木口、中山、北岡、小阪）

事件発生から逮捕まで約三箇月の期間がある。組合は五月七日の人事部との折衝で、会社側が開けたと反論している。当初から組合は、声明や組合ニュースなどの文書で、扉を開けたのは組合員ではなく会社側職制であったことを明らかにしている。しかし、組合の文書でも、逮捕された者の供述でも、岸辺の名前を出さないよう皆が気を遣っていたのである。

争議中警察は頻繁に会社に出入りしていた。事件発生は五月六日、五月二十日から二十五日までロックアウト。このとき警察の機動隊が出動した（後に民事裁判で裁判所は違法ロックアウトと断じた）。しかし、警察も会社も違法ロックアウトの責任を問われたことを聞かない。

春闘の妥結仮調印は六月二十七日、先に述べたように写真を警察に渡したのは五月十九日、録音テープは六月五日に警察に渡っていた。開示された調書の最初のものは六月十七日。人事部長の会社、組合、労使関係、争議の経過についての供述調書は六月二十九日まで見られない。岸辺調書は七月十二日から八月十九日、多田調書は七月十四日から八月三十日、この二人の調書は捜査が始まってから大分後になる。警察はかなり早くから事件の全貌を知っていたはずで、二人の供述調書が捜査開始のきっかけではない。茨木宏と仁科聡は起訴されなかった。二人は検察側証人となった。

開示された社外関係者の調書のうち、最も早いものは六月十九日である。

二、事件発生に至る事情

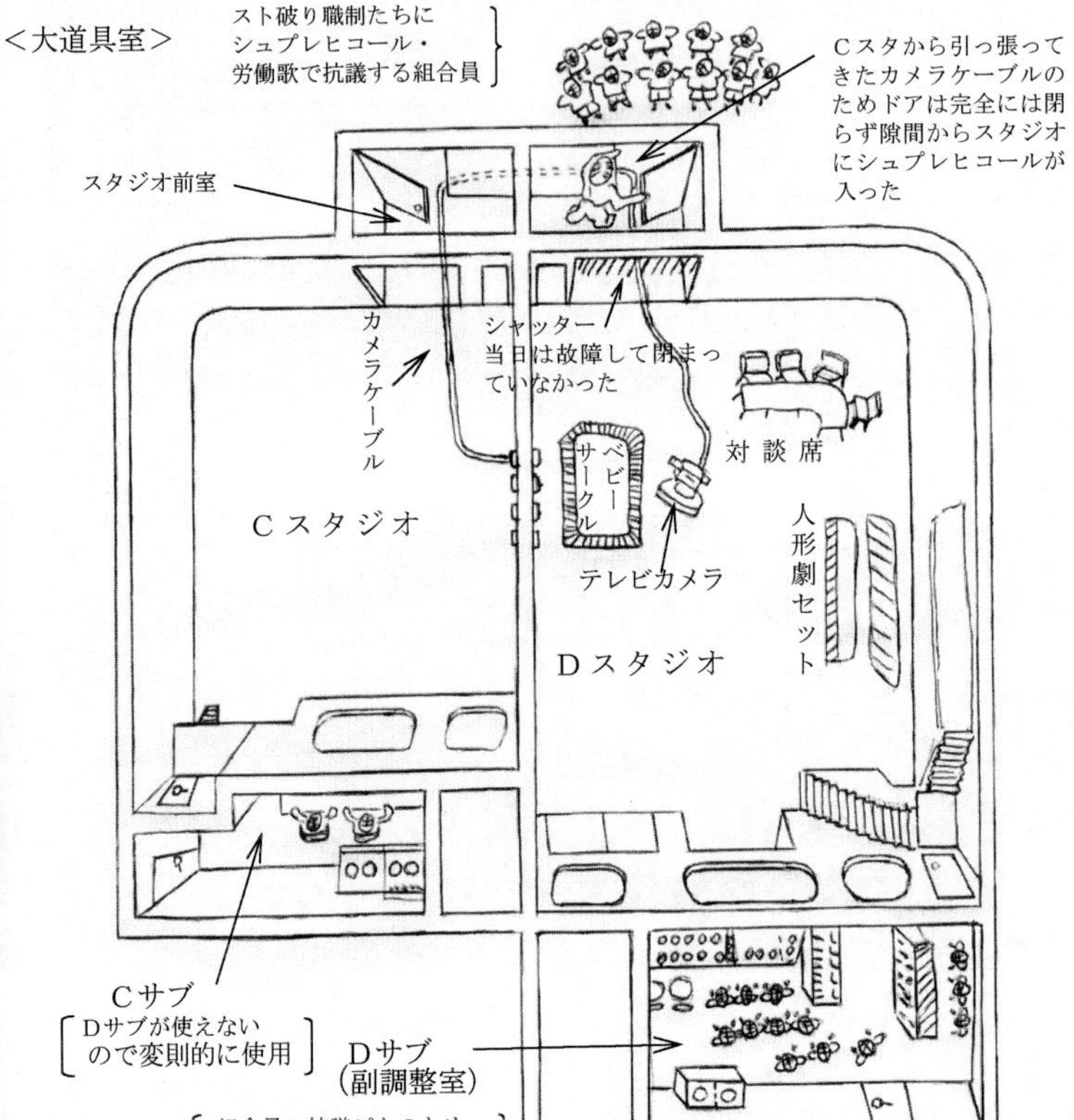
<大道具室>
スト破り職制たちにシュプレヒコール・労働歌で抗議する組合員
Cスタから引っ張ってきたカメラケーブルのためドアは完全には閉らず隙間からスタジオにシュプレヒコールが入った
スタジオ前室
カメラケーブル
シャッター
当日は故障して閉まっていなかった
ベビーサークル
対談席
Cスタジオ
テレビカメラ
人形劇セット
Dスタジオ
Cサブ
[Dサブが使えないので変則的に使用]
Dサブ
(副調整室)
[組合員の抗議ピケのため使用(操作)不能となった]

現場見取図

二、事件発生に至る事情

公判廷における証言の要約

委員長の証言

昭和四十年は賃金協定改訂の年でした。二月の中頃要求を提出しました。賃金問題のほかに家族手当、技術手当、泊り手当の増額、住宅手当の新設を要求しました。四月に入って、従来からあった休日協定を発展させた勤務協定の要求も提出しました。

回答指定日は三月一日でしたが、第一回の団交が開かれたのは三月終りでした。そこでは事実上回答は出ませんでした。安定賃金協定を結ぶ気はないかという提案があっただけでした。

休日協定については三月三十日に決裂しました。四月七日、賃金問題について回答がありましたが、要求にほど遠く、会社側の強硬姿勢がはっきりしてきました。

当時団体交渉には労務担当常務、取締役総務局長と、もう一人技術担当常務が出ていました。あとは総務局次長、人事部長以下の人事部のメンバーでした。社長、専務は出席しませんでした。

四月七日に回答があったあと、宿泊手当の増額回答のほかは殆ど進展がありませんでした。四月の終りになってからは団交も開かれませんでした。君たちがこのまゝで回答をのむならば開いてもよいが、そうでなければ開かないという態度でした。その一方で、会社は争議対策を強化してきました。組合も闘争を強めていって会社に対抗しました。

五月六日朝、マラソン中継の下見のため、スタッフと中継車が出発するので、ピケットでそれを阻止するという戦術をとりました。

中継スタッフについては六日朝十時からその日の夜の二十四時までストライキでピケの中心になる、五日の晩から泊っている人達については九時五十五分からストライキに入って合流する、残りの全組合員は正午から一時間のストライキで集まるという三本立てのようなストライキでした。

この日は午後一時から「ママの育児日記」という放送が行われることになっていました。十二時から十三時のストライキの話が決まったときに、付随して「ママの育児日記」のスタッフの問題が出ました。今までも例があることですが、ストライキ終了直後の番組担当者をどうするかという問題です。当日の番組のように複雑な内容の場合はリハーサルのときに居ないと、ぶっつけ本番になるので不完全なものしか出来ない、そういうことでそのスタッフに指名ストをかけるということをしばしばやっていました。

従来の例からいって延長した方がよいのではないかということになったんですが、最終的なことは六日の午前中に、「ママの育児日記」のスタッフに意見を聞いて、当事者だけでなしに全部のストライキを三十分延長することにしました。ぼくが最終的にスタッフの意見を確認して決定しました。十二時十五分頃に最終的な結論を出して会社に通告しました。全面ストを通告したのは十一時台ですが、この時点ではまだ延長問題についての最終的な結論は出ていませんでした。

当事者の方から、管理職がスト破りをやるので、これも併せて阻止すべきではないかという意見が出て、ピケットが必要だということでぼくがピケットの指令も出しました。ピケットを張って管理職の代替行為を阻止しようということになったわけです。

この相談に来たのは制作現場の中央闘争委員（以後中闘と略す）であった茨木宏君でした。具体的な戦術・方法については現場でそれぞれ臨機応変に決めるということにしてありました。

Dサブ（注　副調整室のこと）に組合員をピケット要員として配置しましたが、これはDサブだけでなくDスタ（注　スタジオのこと）も含めておりました。Dスタの入口は二つあります。大道具室の方の入口には最初から組合員は配置されてなかったようですが、当初はそこに配置する必要がないと判断したからだと思います。具体的な場面での戦術的な措置は、現場に行っている中闘に任せるというのが普通です、状況判断がどうしても入りますから、その場におる者が指揮することになります。

正午から全面ストに入って、中継車のピケの現場に集まった組合員にいろいろ状況の説明をしました。その後、Dサブのピケの状況を一度だけ見に行きました。それから後は、中継車のそばにおりました。

十二時四十分か五十分頃ではないかと思いますが、中闘の茨木宏君がやって来て、ピケを張ったのでDスタの方は管理職が仕事が出来ないようになったけれども、隣のCスタのサブを使って仕事をしようとしている、Cスタからコードを延長してカメラを引っ張ってき来て作業をしているという報告がありました。通常はカメラ三台でやっているのに、一台だけ引っ張って来てやろうとしている、大道具室側のスタジオの扉はケーブルを挟んでいて閉まらない、こんなひどい状態で放送をしようとしている。組合員はみんな怒っている、この扉の前で抗議集会をやりたいという相談があったんです。ぼくも当然賛成しまして抗議に行くことを決めました。

この抗議集会は放送時間になるまでやるのか、それとも放送を始めた場合はどうするのかということまでは話はなかったと思います。抗議をしてもよいという承認を与えた時点では、抗議をすることによって会社の方は当然放送を中止すると思っていたからです。

この抗議集会で具体的に何をするのかという話が出たかどうか記憶はありませんが、通常の抗議の形としては、そういう場合に「やめろ」というふうなシュプレヒコールなどをやるわけです。スピーカーを使うかどうかという判断だけは聞かれました。それに対しては、それは通常の抗議集会の時などは使っていますから構わないと言いました。

ぼくはずっと中継車のピケ現場に居ましたので、その集会には行っていません。抗議集会をやっている最中に会社側の管理職が中から扉を開けたという報告を受けました。五月六日の夕方の事務折衝じゃなかったかと思いますが、会社側からもこの問題が出まして、会社側は管理職が開けたということは言わないで放送中の扉を無理に開けて音を入れた、けしからんじゃないかということを言うわけです。七日になってから、正式な抗議文みたいなものが来たと思います。

組合側は、まったくデマである、組合員は扉を開けていない、管理職が開けたんだということを抗議文に対する回答でもないですけれども、こちら側の見解を文書にして掲示しましたし、全員にも配りました。岸辺部長が開けたということはわかっていたんですがこのときは未だ個人名は出しませんでした。

三、Ｃスタジオのカメラを使用することになった事情

三、Cスタジオのカメラを使用することになった事情

1　芦田越蔵次長の証言

検察調書要約

組合は三月下旬からしばしばストをしており、会社としてはストの際に管理職を動員して組合員の代わりに放送業務を遂行させていました。

五月六日午後一時から三十分間「ママの育児日記」の放送が予定されていましたので、万一ストに入った場合のこの番組の代替要員としての管理職の編成についても前から決められていて、各人にも伝えてありました。

私はこの日は午前十一時五十八分のバスに乗って出社しましたから、会社に着いたのは零時五分か十分頃だったと思います。

社内に入ってくると玄関のロビーに組合員が集まりかけていましたので、またストをやるのだなと思い、そのままDスタジオのフロアーの方へ行きました。

フロアーには既に組合員の姿はなく代替要員である管理職の者十名位が中央付近に集まっていましたので、私もそこに行き様子を聞いたのですが、そこでこの放送の終わりまでストだということや、Dサブを組合員に占拠されていて入れないことや、Dサブ内には山崎副部長と小西課長しか残っていないということを聞きました。

その場で私が最高責任者となって、これからどうするかということを打ち合わせたのですが、D

スタの状態としては二台のカメラは電源が入っており、サブでスイッチを押せば放送可能であることなどが判りました。

最初の問題は予定通り人形劇をやるかどうかということでしたが、私としては人形劇は複雑ですし、管理職の者がリハーサルもよくしないで、これを放送することは到底良い結果は期待できないのでカットすることにしました。

このように人形劇のカットは東次長とも相談してその場で決めた訳ですが、それにしてもカメラを使って撮らせるのかどうか判らないので、インカムでサブ内の山崎副部長にカメラ一台でやれないかというようなことを伝えました。

これに対して暫くしてインカムで組合員がスイッチャー卓にピケを張っているのでボタンを押せないというようなことを連絡して来ました。

それで私はこんなことから到底Dスタからの放送は無理だから生放送をやめ、フイルム映画を代替番組としてやろうと判断し、フロアー西側の扉から出て大道具製作会社の事務所（スタジオのすぐ裏側にある）に行き、そこの電話でこの事を放送本部に連絡しました。

ところがその事務所を出てからCスタの扉が開いているのを見て、Cスタのカメラのケーブルを長くしてDスタに持ち込めばDスタから放送出来ると直感し、フロアーに戻ってその場に居た管理職の者達にCスタからカメラを持ってこようと言うと皆賛成したのでカメラをとりに行くことにしましたが、多数の者が一度に出るとサブから見ている組合員に感づかれて又邪魔をされたら困ると思い、そ知らぬ顔をしてばらばらになって出ることにし、私、桂課長、杉本副部長、兼山副部長、

三、Cスタジオのカメラを使用することになった事情

吉川課長らがCスタのフロアーに行き、倉庫からカメラを出そうとしましたが、鍵が無いので時間は迫ってくるし誰かが連絡して大道具の方の従業員に来てもらい、バールで扉を壊させて皆でカメラ一台を取り出しケーブルを繋いでその場でCサブとのテストをし、大丈夫だと判ったのでこのカメラをDスタ西側の扉の外に運んで行き、早く中に入れるとまずいから放送直前に入れるよう指示して私はCサブへ行きました。Cサブでは吉川課長がカメコンをやり、私、桂課長は傍に居ましたが、後で杉本副部長や兼山副部長もCサブに来ました。

結局映像はCサブを通じて一サブへ送り、音はDサブから一サブへ送るやり方で和田副部長が一サブに行って指揮をしていました。

午後一時から予定通り放送を開始したのですが、放送を始めてからすぐ労働歌や叫び声がスピーカーから流れて来ましたので驚きました。

どこからどうしてこの音が入ったか詳しいことは判りませんでしたが、組合員が放送を邪魔するために、何処かを開けて騒いでいるのだと思いました。それで少しでもごまかそうと思い、バックミュージックを入れましたが、それでも歌や声は消えずゲストの声も聞きにくい状態でしたからインカムでDスタのフロアーに連絡をとりアナウンサーの手持ちマイクをゲストの口元に持って行かせたのでいくらか効果はあったと思いますが、それでも最後まで騒音は生放送に乗り聞き苦しい有様でした。

2　大道具製作会社総務部長藤原一成の証言

検察調書要約

五月六日は正午から組合が全面ストに入っており午後一時からはDスタで「ママの育児日記」の生放送が予定されていましたから管理職の手で予定通り放送されるのだろうかなどと思いながら私は事務所で休憩していました。

ところが午後零時半頃制作局の東次長が私方事務所に来て何処かに電話連絡をしていましたがその内容はDサブを組合員に占拠されているのでDスタのカメラを使えず、Cスタからカメラ一台を持って行ってどうにかやりますというようなことでした。

これを聞いて私は組合がえらいことをやっているなと思った印象があります、又何処からであったか判りませんが、その後東次長に電話がかかってきたので私がうちの従業員を走らせて東次長を呼んで来させ、電話に出てもらったこともありました。

その時の東次長の話は何とかやってみますというようなことだったのを覚えています。ところが午後一時前頃Dスタ前の製作場にいた私方従業員五、六人がぞろぞろと戻って来ました。その中の一人がCスタからカメラケーブルがDスタに入っており、Dスタの扉が完全に閉っていないし、シャッターも閉まっていないので製作場で作業すると音が放送に入ると思われますが作業はどうしましょうかと言うので私は騒音が放送に入ったらいけないので生放送が終るまで作業をやるなと命じました。

3　東良男次長の証言（その一）

検察調書要約

私がDスタのフロアーへ行ったのは十二時ちょっと前だったかと思います。このときにはまだ組合の人達も管理職と一緒におったと思います。フロアーには芦田次長もいました。ストに入ったら代替番組にするかどうかという話も出ていたように思いますが、大丈夫だということでふみきったと思います。

Cスタへカメラを取りに行く前にDスタのカメラが使えるか使えないかということが話題にのぼっていたと思いますが、はっきり記憶がありません。

隣室のカメラを使って放送するということはその場で決まりました。カメラは本来三台使うのですがこの際一台で行こうということもその場で決まりました。そういう臨機の処置はやはりその場におった管理職の人達の間で話し合って決めました。

番組の内容の問題ですが、形はなる程違ったものになります。しかし形式的には違っているけれどもテーマからはそうずれたものにはならない、それは我々現場の判断です。

私自身は代替番組にしょうかということを放送本部へ意向打診をしたことはありません。非常の際ですから誰ということなしに心きいたやつが連絡したと思います。あとで聞いたんですが、誰かが連絡したらしいです。

技術の連中は立ち話をしておって、それからＣスタジオへカメラを取りに走ったので何か手伝うことはないかと思ってついていきました。

4　岸辺順一部長の証言（その一）

検察調書要約

フロアー中央付近からサブを見上げると、サブには組合員らしい姿が多数見えました。芦田次長をはじめ管理職の者はこのままではＤスタのカメラが使えないのではないかと心配になってきて、どうしようかということになったのですが、芦田次長がインカムでサブにいる山崎副部長に何とかしてカメラを使えないか、スイッチは押せないか、などと問い合せていましたが、暫くして組合員がスイッチャー卓を取り囲んでいてそのため山崎副部長がスイッチを押せないというようなことが判りました。

私はインカムをつけていた訳ではないので、このようなことは芦田次長から聞きました。芦田次長は、せめてカメラ一台、マイク一本でもやれないかと云うようなことを聞いていましたが、それも出来ないという返事でした。全員集まっていろんな角度から検討しましたが、どうしても中の二人では出来ないということならば致し方ないということで、芦田次長はもうやめて代替番組で行こうと言っていたのですが、まあ、かなり時間をかけたと思いますけれどもいろいろ相談しまして、私らとしましては、隣のＣスタジオからケーブルを延ばしてカメラを持って来て使おうと言いまして一台でもいいから、持ってきてやろうという結論になったわけです。

　そういう相談がまとまってから芦田次長初め、私、兼山副部長、吉川課長、桂課長らとCスタジオに準備に行きましたけれども、なにしろそれまで十人以上の管理職がフロアーにおりましたのが急に全員隣の方に姿を消しますと、又そちらの方でカメラを出し入れするのを妨害されても困りますし、ということで適当にカメラの方にはなんとかDスタのカメラで放送を続けるんだ、というふうに担当者をつけ、Cスタの方へ行きますのも気付かれないように、ばらばらとCスタのカメラ倉庫の方へ行きました。

5　桂輝正課長の証言

検察調書要約

三、Cスタジオのカメラを使用することになった事情

　午前十一時五十分頃、上司からDスタが危ないから早く行ってくれと指示を受けました。このようなストの際、私はスイッチャーの代替要員として勤務することになっていましたので、廊下側扉からDサブに入って行きました。

　Dサブでは田中ディレクター以下組合員のスタッフが持場についておりましたのでまだストには入っていないことが判りました。

　私がスイッチャー卓付近をうろうろしていると五分位して中闘の茨木宏外二、三人の組合員が廊下側扉から入って来て、皆に向って中闘指令が出たので伝えます。十二時から十三時まで全面スト

でこの番組のスタッフは十三時三十分まで職場放棄をして下さいというような意味のことを口頭で伝えましたがその態度は困ったような様子でした。

これに対して田中ディレクターとスイッチャーの津田らが、昨夜からリハーサルまでしてやってきたのに何故今更止めさすのかというような意味の抗議をしていました。私は早く準備をしなければと思って台本を手にとって一人でフロアーの方へ階段を降りて行きましたので、その後のサブの状況は判りません。なお茨木宏がスト指令を持って来た頃サブの中には他にも管理職の者が何人か来ていたようですが山崎副部長や小西課長の他に誰が居たのか覚えていません。

私はフロアーで早く人形劇のリハーサルを見たいと思っていました。私としては一度見せてもらえば後は三台のカメラを使って管理職の手で何とか人形劇の放送も出来ると思っていましたが、その場に集まっていた芦田次長を中心とする管理職の打ち合わせで、我々の手で人形劇をやるのは無理だからカットしようということになりました。

サブの方を見上げると組合員にサブを占領されており、サブには山崎さんと小西さんとが残っているのが見えていました。

私はインカムで山崎さんに、何とかしてボタンを押せないかと連絡しましたがスイッチャー卓を組合員におさえられているのでボタンを押せないという返事でした。又私共の方からせめて一台のカメラでも生かせないかなどと連絡しましたがそれも駄目だということだったので芦田次長を中心にして相談した結果芦田次長が生放送はやめてフイルム番組に変えようと言ってフロアー北西の扉から出て行かれたので何処からか電話連絡でもとりに行かれたのだと思いました。

ところが暫くして戻って来た芦田次長がCスタのカメラを使おうと言い出したので私共も賛成しましたが皆が一度に出ると組合員に感づかれて邪魔されたら困るのでぼつぼつ出ようということになりまして、芦田次長、吉川課長外二、三人と一緒になってCスタでカメラ一台にケーブルを付け、直ぐDフロアーへ持って行こうとしましたが早く入れるとまずいので放送開始直前に入れようということになりました。

6　プロデューサー和田功副部長の証言

検察調書要約

春闘が始まって組合がスト権を集約してからは何時ストライキで組合員が仕事を放棄するか判らないので、会社側としては、前もって管理職動員のスケジュールを作っていました。というのは労使間に協約がなく、従って組合はストの予告義務がなく、抜打ストもやれるので、前もって管理職による代替要員確保の必要があったのです。

五月六日の午後一時から「ママの育児日記」が放送されることになっていました。私はこの番組のプロデューサーでした。ディレクターは田中輝子でした。この日は特別番組として人形芝居を入れることになっていました。

五月六日にストがあるということは前もっては全く判りませんでした。

午前十一時からスタジオで、リハーサルをやることになっておりましたので、私はリハーサルが始まっていると思って、午前十一時半頃出勤したところ、廊下で制作局次長東良男さんに会うと、「ママの育児日記」は管理職でやらんといかんことになった、というようなことを言われました。それで私は台本とインカムとを持って二階のDスタジオ副調整室に行きました。副調整室に入った時間は正確には判りませんが、正午頃だったと思います。

ディレクターの田中輝子は待ちかねていたように私に台本とキューシート（注　個々の番組の進行の予定表）とを渡し、台本を見せながら、この場面はこうなっているなどと細かく申し送ってから、なるべくうまくやって下さいと言って廊下の方へ出て行きました。

このように田中輝子がストのために、私に引継ぎをして外に出たことは覚えているのですが、他の組合員達が何時出て行ったのか全く記憶がありません。

その頃サブにはスイッチャーの代替要員である、桂課長や、芦田次長、山崎副部長らがいたことを覚えています。又フロアーの方に代替要員の管理職が集まっているのも、副調整室前面のガラス越しに見えました。そして副調に居た私どもは、下に降りて打合せをしようということになり北側の階段からぞろぞろとフロアーへ降りて行きましたが、その時間が何時であったか、この点は判っきりしません。然し既にフロアーには組合員は誰もいませんでした。

この日はいつもと違って人形芝居がある予定になっていましたからカメラの作業、その他全般にわたって作業が複雑になるので、私としては代替要員の意見を聞き、又リハーサルをしないと、とてもぶっつけ本番ではやれない番組だと思いフロアー中央付近で代替要員を集めて打合せを始めたのです。

三、Cスタジオのカメラを使用することになった事情

打合せにはいって、はじめて代替要員に誰が来ているのか判りました。その時の代替要員で記憶にあるのは、制作局次長芦田越蔵、同東良男、技術制作部長岸辺順一、美術部副部長南一太郎、技術制作部副部長兼山紀一、制作局副部長関本弘康、技術制作課長中北利夫、中継課長内田安雄、照明課長小西朝生、撮像課長桂輝正らでした。

打合せはまず人形劇を予定通りやるのかどうかということが問題となり、我々でやるのは無理だという声も出ましたが、プロデューサーである私は折角計画しているものを省くのは惜しいので、とも角人形劇をやって見せてもらおうじゃないか、それから本番でやるかどうかを決めようと発言しました。

当日は私の上司である芦田次長や東次長がその場に来ていましたので、最終的には、この両名の指揮をうけることになります。

このように打合せをしている時誰言うとなく副調を占領されたと言うので、フロアーから副調整室の方を見ると、逆光ではありますが副調整室の中に組合員多数が鉢巻をして入っており、カメコン、スイッチャー卓、ディレクターテーブルの周辺を取り囲んでいるのがガラス越しに見えました。

これまでストライキの場合には組合員は職場を放棄して出て行ってしまうのが普通でしたから、逆にこのように多数の者が、副調に入り込んでいるのを見て、私共は驚きました。そしてこれは副調整室内の機械類の操作をやらせないのだなと思いました。それで私はディレクターとして何としてもこの番組を潰したくないし何とかしてDスタの副調整室内で機械を操作することが出来ないものかと考え続けました。誰かがフロアーからインカムで副調の人に呼びかけており、結局Dスタの

副調には山崎副部長と小西課長とが残っていることが判りました。

それでこの両名に対して、何とかしてそこでスイッチは入れられないかなどとインカムで連絡していましたが、駄目だろうという回答でした。

それでDスタの副調を使えないとすればDスタのカメラ三台を使えないことになり、大変なことになったので、岸辺部長、桂課長、中北課長らが今後どうしようかという技術的なことを相談していました。

私は機械関係のことは判らないのですが、何とかして他所からカメラを借りてくるか、或いはスタジオを替えてでも番組を放送したい、然しいずれにしてもこの分では人形劇は絶対に放送不可能だと思い芦田次長に相談すると、とりあえず人形劇はカットだと言われたので、私としては人形劇団の人に、この旨を伝えて謝らねばならず、さらに放送にそなえて人形劇の分だけ話で埋めねばならなくなり、この謝りや打合せて飛び廻っていました。

ところが岸辺部長らの相談の結果Cスタジオからカメラ一台を持って来て、Cスタの副調を使って映像を出そう、音はそのままDスタの副調を使えるということになり、Cスタからカメラケーブルを引き込もうということになりましたが、早く準備すると又組合員がCスタの副調に行って妨害したら困るので、放送直前にカメラを持ってこようということになり、私共はフロアーで各人の持ち場を決めたり、その他打合せをしたりしました。

私は出演者の片岡講師に人形劇カット分だけの時間、話をして穴うめをして貰いたいと、いろいろ打合せをしました。Cスタのカメラを使うことになれば私がDスタのフロアーにいても駄目でC

三、Cスタジオのカメラを使用することになった事情

スタの副調に行っても音が聞えないので結局第一副調整室に行きました。

私がDスタを出る時には、まだCスタのカメラはDスタのフロアーには持ち込んでなく、西側ドアーの外の所にCスタからのカメラケーブルだけが置いてありました。

技術関係の連中が一台しか使えないと言っていましたから、技術的に一台しか使えないのだと思っていました。

結果的には一台のカメラしか使わず、あまり良い画面ではなかったのですが代替の要員は十分にいました。それでカメラの二台や三台は十分こなせたのですが後で聞いたところによるとCスタから、あまり沢山カメラを持ち込むと又妨害されるので、一台にしたという話も聞いています。

Cスタからは何台でもカメラを持ってこれると判っていたら、最低二台はカメラを入れてくれと要求しているはずです。普通の対談でもカメラは二台あるべきで、ましてあの番組のように対談のほかに幼児を写したり少なくも三場面を予定していたので、最小限度二台のカメラは必要だったのです。

私が第一副調整室へ行って暫くして午後一時となりましたので、私はスイッチャーに指示して提供テロップを出させ、次いで一分三十秒のCMフィルムをスタートさせました。

CMフィルムが終ってすぐDスタの映像と音をとったところ、いきなりノイズが入りました。アナウンサーの声にかぶってそのノイズが続き最初は子供が奇声を発しているのかと思っていましたところ、暫くして労働歌を合唱しているのだとわかり驚いてしまいました。

音の効果を非常に害しているので第一副調でバック音楽を入れてそのノイズをごまかそうと思

い、竹田副部長に静かなムードミュジックを入れてくれと頼み暫くして同人が音楽を入れてくれましたが、私の考えいるような音楽ではありませんでしたが、とに角ノイズをごまかすため、その音楽をかけ続けました。

最初幼児四人を写してタイトルバックとし、タイトルが終ってから子供達をアップで撮り、子供とアナウンサーとの対談となり、暫くしてから片岡講師との対談のために、アナウンサーが場所を移動し、又カメラを移動させるというように切替えてスムーズに行くはずでしたが、この時はカメラが一台しかないので仕方なく、アナウンサーを追ってカメラを移動させました。そのためにセット以外のスタジオ内部が写り非常に見苦しい結果となりました。

見苦しい部分が出たのはこの点だけでしたが、その他に本来ならカメラ三台を使い同じ場面でも角度を変えたりアップにしたりして画面に変化を作り、効果をあげるのですが、あの時はカメラ一台しかないので正面から撮りっぱなしの不様な結果となり担当者たる私としては本当に情なく、二度とあのようなことがないようにして貰いたいと思います。

このようなわけで、あの日の「ママの育児日記」の放送については、組合側の行動によって予定していた番組内容を変更せざるを得なくなっただけでなく、効果が落ち放送を邪魔された次第です。二度とこのようなことの起らないよう組合員が反省するような措置をとってもらいたいものです。

然し刑事処分を望むかどうかという点については、私も数年前までは組合員でありましたし、今でも現場で組合員を使って仕事をしており、あまり角の立つようなことをして今後仕事がやり難くなっても困りますし、又あんな馬鹿なことを組合員全部が本気で支持するはずもないと思います。

まさかあんな馬鹿なことを再びはやらないだろうと希望的に考えておりますので、刑事処分を望むとは言いたくありませんが、組合側が二度とあのようなことはしないと公式に表明していないので寛大に処分してくれとも言いたくありません。

7　山崎明副部長の証言

検察調書要約

会社と組合との間には労働協約がないのでスト予告の取り決めもなく従って抜き打ちストが普通であり、生放送番組では抜き打ちストをやられるとたちまち放送が出来なくなるので会社としては抜き打ちストに備えて生放送番組については、前もって代替要員の管理職員を決め、スケジュールを作っていました。

五月六日放送予定の「ママの育児日記」についても確か四月末頃、岸辺部長から勤務割り当て表を受け取り私が当日の代替要員になっていることを知っていましたし、さらに前日位には放送本部の黒板に番組名と代替要員名が書かれており、これも見ていました。

五月六日には午前十時頃出勤して自分の机に向かっていましたが、多分午前十一時半頃と思いますが、私がたまたま役員会議室の特別放送本部に顔を出してみたところ、誰からであったか忘れましたが、正午頃から組合がストに入る気配があるので少し早めに持ち場に行ってくれと言われました。

これは組合がストに入ってしまって、組合員が職場から引き揚げた後に現場に行っても引き継ぎなどで困りますし、早めに行ってくれということだったのです。当社の組合員はそれまで抜き打ちストをやっても代替要員の私共に引き継ぎをしてくれるのが普通でした。それで早めに行って引き継ぎをうけようとした訳です。

それで多分午前十一時四十分頃と思いますが一人でDサブに廊下側から入ると、中では組合員のスタッフが全員配置についていて、丁度カメラリハーサルを終わったところらしく、いろいろ打ち合わせをしていました。リハーサルには最初手順を決めるカメラリハーサルをやり、最後に本番に準じてカメラも使ったランスルーリハーサルをやり本番となります。

その他室内には代替要員の岸辺部長、桂課長、中北課長、小西課長らがスイッチャー卓や、ディレクター卓の付近に立って組合員スタッフの仕事を見ていました。私もその付近を、うろうろしていましたところ、十一時五十五分頃廊下の方から中闘の茨木宏が入って来て、スイッチャー卓のところで、組合員スタッフに対して「やはりストライキに入ることになりました、中闘の指令で十二時から十三時まで全面ストで、この番組のスタッフは放送終了の十三時三十分まで職場放棄となった」というようなことを伝えていましたが、これを聞いたディレクター田中輝子、スイッチャー津田由之が憤慨して「昨夜から一生懸命リハーサルしているのに、何故この番組を捨てなければならないのか」と激しく詰め寄っており、これに対して茨木は困ったような態度で組合の要求を貫徹するために犠牲もやむを得ないではないかというようなことを言って説得していましたが、茨木宏自身も組合の指令で仕方がないという様な態度が見えました。

結局組合員らも納得して代替要員の管理職と打ち合わせをしたりして、ぼつぼつと部屋から引き上げて行きました。

私は音声調整卓付近で組合員スタッフのミキサー担当から台本の引き継ぎを受け、更にテープの説明などを受けましたが、同人が出て行ってからも残って機械の調子を調べたりしていました。

このように私が引き継ぎを受けている頃他の管理職の人たちがドライをやってみようかと言って、北西側の扉からフロアーへ降りて行っているのは意識していましたので、私も機械の調子を見てから下へ降りて行って見ようと思っていたのです。

私がこのように機械の調子を見ているうちに一旦部屋から出た、組合員スタッフが、ぼつぼつ室内に戻って来て、私の周囲にも来ていました。

これまでにストの際、管理職の代替要員が仕事を始めてからもスト中の組合員が傍にいて見物していることは良くあることでしたからこの時は組合員が何時ものように見物に来たのだろうと思って気にかけていなかったのですが、零時二十分頃だったと思うのですが、ふと気付くとサブに組合員のスタッフ以外の者まで入って来ており、その数が三十人位もいました。執行委員の河村一男を見つけたので、これはどうしたのや、ピケかと聞くと同人は、「そうです組合の指令でやっているのです」と困ったことを聞かれたという様な態度で返事をしました。

私はこのままでは到底組合員が代替要員をサブ内へ入れてはくれず、従って予定の放送は出来ないと思って、入口の電話で中塚テレビ編成副部長に「組合員がDサブ内に入り、ピケを張って管理職を入れないので、「ママの育児日記」の放送は出来ないからフイルムの代替番組を用意してくれ」

と連絡しました。その後中塚副部長から電話があったかどうか、はっきりした記憶はありません。

　それで私は音声調整卓の席に戻り、前のガラス窓を通じて、フロアーの者に両手を交差して×印を示してから、インカムでフロアーの人にこの状態を報告すると、芦田次長の声で二人ではどうしてもやれんかということでしたから、カメラ一台にしてマイクを一本にすればどうにか行けるでしようと答えると、芦田次長がそれなら一台で行く用意をしてくれと言われました。

　私はボタンを押そうとして、スイッチ卓の方へ寄って行ったのですが、このような私の態度を見て、室内にいた組合員らがスイッチャー卓のところに駆け寄りスイッチャー卓の方を向いて立ってピケを二列位張りました。その数は七、八人位でしたが、スイッチャー卓は五十センチ位の幅ですしその前にこのように沢山の人間に立たれたら全然近寄れなくなりました。

　当時のピケ隊員の態度ですが、スイッチャー卓の方を向いて、立ち並び手を後ろに組んで無言でした、そして手が届かないので、退いてくれ、この二カメのボタンだけ押さしてくれと言ったのですが、ピケ隊員の中の誰かが、そらあきませんでと言うので、私もそれ以上要求しませんでした。勿論後ろから突き飛ばしたり、無理にかき分ければスイッチを押すのは瞬間的のことですから、できる訳ですが、そんなことをすれば私が組合員に暴行を加えたと言って問題になると思って、その方法はとりませんでした。

　とに角その時の組合員と私との態度は、険悪な対立状態ではなく、双方共ニヤニヤしている態度でした。一つには照れくさいこともありましたが、私としてはCスタからカメラを持ってくればやれるのだから、ここで無理にスイッチを押さなくてもよいという気持ちもあったからです。

三、Cスタジオのカメラを使用することになった事情

その場の組合員のうち、私の部下たちは技術上のことは詳しく私と同様いくらここで頑張っても、Cスタのカメラを使う方法は判っていたはずで現に津田は仲間に、ここでごちゃごちゃしてもCスタからカメラを持ってくればおしまいやなどと言っていました。

それで機械の事情を知らない他からの応援に来た組合員はとも角として私の部下達は徹底的に放送を邪魔する気があったのではなく（もしそのような気があったとすれば皆に連絡してCサブも占拠したはずです）一応組合の指令の範囲のスト（Dサブ占拠）だけをやる位の気持ちだったと思います。

私が当時考えていたピケに対する法律的判断ですが、私としては組合員がストになってDサブを占拠し、あのようにピケを張って代替要員の管理職を部屋に入れないようにするのは、組合員の行動として当然で、別に行き過ぎではないと思っていました。

今考えると確かに経営者側の管理権という問題があるので、組合員のあの行動を当然だといってよいかどうか迷いましたが、当時としてはこれ位は別に行き過ぎではないと思い反面管理職者として、組合のこのような行動を実力で打ち破ることは暴力事件として、当方が非難されると思っていました。私がこのように暴力を使ってはいけないのだと思っていたのと同様組合員の方も私の体に暴行を加えてはいけないと思っていたようで暴力的な行為は何もありませんでした。

ディレクター卓のインターホーン標示器を見ていると、ランプの付き具合でCサブと一サブとが話をしていることが判りましたから、フロアーの方ではCスタのカメラを使ってやることになったなと思いましたが、黙っていました、なお芦田次長から言われた後に、スイッチャーのボタンを押

せなかったということは別にフロアーには連絡していません。これは連絡をせずともDスタのカメラのランプが付いていませんし、それだけでもスイッチを押していないことはフロアーで判ると思ったからです。

そのうちにフロアー西側扉から別のカメラ一台が持ち込まれ赤ランプが付いているので、この一台のカメラで放送するのだと判り、一安心しましたが、音の方をどうしたら良いかと思ってインカムでフロアーの芦田次長と連絡をとると音はDサブでやってくれということでしたから、私が音声調整卓に座り、ボリューム調整をすると同時に後ろのテープ再生機を二台引き寄せておいて一人で二役をやりました。このように私が作業をすることについては、組合員はこれを積極的には妨害しませんでした。作業しているものを積極的に妨害すれば罪になると考えていると思いました。

十三時から放送が始まってすぐ雑音が入っていることがDサブ内のモニタースピーカーで聞こえてきました。これはフロアー内に何処からか雑音を入れている訳で、それもすぐ労働歌だと判り、組合員が放映を邪魔するため労働歌を歌ったり、騒ぎ声を入れたりしているのだと判りましたが、何処からか判からず、音声の責任者たる私としては驚いてしまい、何とかして技術的にこれを解決しようと思い、関本フローアディレクターにインカムでマイクをアップ（近づけること）にしてくれ、音を絞るからと連絡し、アナウンサーや出演者の声量を上げるようにしました。

このような行動をした連中は訳も判らないまま指令に従ったものと思われ、この連中を処罰してもらっては可哀想だと思います。これらの行為が犯罪になるのならむしろ指令を出している連中の方が悪いと思います。やはり今後の仕事のことで、組合員と接触もせねばならぬので、私の口から厳重処罰して欲しいとは言い難いのです。

8　組合員渡瀬隆史の証言（その一）

検察調書要約

山崎さんが河村中闘にピケを張るのかと聞いていました。河村中闘はそうです、ピケです、というような事を答えておりました。すると山崎さんはそれを聞いたため電話をかけに行ったと思いますが、廊下側出入り口の傍の電話のところに行き「ピケを張られた。中闘に聞くとピケを張ると答えた」といって、その場の状況を報告しておりましたが、電話の相手は会社の放送本部だろうと思います。

山崎さんは最後に、出来るだけやってみますと言っておりました。

組合員はこういう状態では放送出来ないから止めてくださいと口々に山崎さんに言ったのですが、山崎さんはそれを聞かず、出来るだけやりますと電話で返事をしたため、組合員はみんな怒った様子でした。

山崎さんは電話を終ってまた音声卓前の元の位置に戻りましたが、この時には、前以上に音声卓、ディレクター卓、スイッチャー卓の東側、南側、西側のぐるりに組合員が立ち並んでピケを張っておりました。

これは職制を近づけないためにしたものですが、山崎さんが戻ると、やはり恐いのか、戻って来た場所の人は、その部分を空けておりました。

山崎さんはスイッチャー卓等の機械の周りをうろうろしており、西側からスイッチャーを押えようとして、手を伸ばしておりましたが、組合員が立ち並んで口々に止めて下さいと言い、スイッチャー卓に近づけないようにした為スイッチを押すことが出来ませんでした。

その時のスイッチャー卓の東側に立ち並んだピケの真ん中に中闘の茨木宏が加わっておりました。茨木さんはスイッチャー卓の東側中央でスイッチャー卓の直ぐ際に立ち上半身で機械の上に覆いかぶさるようにして防いでおりました。この人はスイッチャーを扱ったことがあるので、それが大事だと思ってピケを張っていたものと思います。

このような状態はオンエアーが始まる直前でした。そのころカメコンには一台だけ電気が入っておりましたが、画が何も映っておらず、小西さんはインカムでフロアーを呼んでおりましたが、何も応答がありませんでした。すると組合員の誰かが、そのカメコンは働いていない。Cサブに廻したから、そこは必要ない、と小西さんに言っておりました。そして同じ人の声だったと思いますが、みてみ、Cスタもピケを張れと言ったのに、張らないからこうなるんや、とぼやくように言っておりました。これは多分事情のよく判ったDサブのスタッフではないかと思います。

三、Cスタジオのカメラを使用することになった事情

9　組合員長岡孟の証言（その一）

公判廷の証言一部要約

わたしがDサブに行ったのは十二時半頃でした。すでに二、三十人の組合員が居て殆どピケを張り終っていました。山崎副部長、小西課長、和田功さんがおられましたが、和田さんはすぐ出ていかれました。山崎副部長は音声関係の準備をやっていました。Dスタのフロアでは、十二、三名の管理職の人が何か打ち合わせをやっているようでした。

放送少し前に、スタジオのフロアーに居る管理職とDサブにいる山崎さんとがインカムを通じて打合せをやり始めました。十分程前と思います。

山崎さん自体はあまりこちらからしゃべらないようにして、「これは、あれやな」そういうことを言っていたようです。意味はわかりませんでした。

10　竹田倉治課長の証言

警察調書要約

五月五日は宿直でしたので六日は朝六時半から担当部署であるスタジオ二階テレビ主調整室で編成部進行課の業務についておりました。

午前十時の宿直明け勤務の者が勤務交代をする頃でした。組合員が誰言うとなく午前十時から明けの者は指名ストやとはしゃいでおりましたのでこの空気から或いは今日は時限ストでもやるんではなかろうかといった懸念を少しばかり抱いた訳です。

正午ちょっと前でした。組合員が十二時から全面時限ストだと言いながら職場を放棄していくのを知りました。然し時限ストは午後一時までと言っておりましたのでその間に人形劇その他を管理職がリハーサルし何とか管理職の代替で行うのではないかと思っておりました。ところが通常であれば一時からの放送であれば正午過ぎからリハーサルにかかるのですが、正午過ぎてもリハーサルが行われないので、そこで私としてもこのような状態で若しこの放送が中断されるとなれば放送そのものは中止する訳にはまいりませんので事前にその対策を講じておく必要があると感じましたのでその後「ママの育児日記」が生放送されるDスタジオ副調整室にスタッフ代替要員として芦田局次長がそこに参っておりましたので私の部屋から芦田次長にその旨を電話で連絡しますとその時次長の返事では、D副調整室には組合員が入って来てDスタのカメラは使用できない、それで何とかCスタからカメラを持ってきて人形劇をカットして放送するという様なDスタジオ内の状態を知らされた様な訳です、そこで私としては、もし次長の言われる様に組合員がD副調整室を占拠し、そこでのカメラコントロールの操作を妨害しているとすれば当然テレシネ室とD副調整室につながれたCM素材は放送出来ないので、そうするとC副調整室から第一副調整室に、Dで使用するCスタのカメラアウトを送ってもらい、そこでテレシネのCM素材を調整して私の方のテレビ主調整室に送ってもらうよう準備をせねば、とこの様に非常対策を考えた様な訳です。

当然この事は正午から管理職全員がDスタ等に赴き現場で私同様な措置を取ることですから、私からは第一副調整室にも又テレシネ室等にも別に連絡しませんでした。この頃の時間ですと午後零時五十分過ぎではなかったかと思います。

このような状態を芦田次長から放送開始直前に聞き、それで組合は午後一時までの時限ストとは聞いておりましたが今申した様にD副調整室を占拠し調整機能を妨害しているような状態では次長の言われる通りCスタからカメラを持ち運ばねばならない様な「ママの育児日記」放送に食い込む様な時限ストだと感じた訳です。すると判断通り放送開始直前に誰がしてこられたかその点は忘れましたが、Cスタジオのカメラを生かすからという電話連絡がありましたので、この連絡と同時に私はCスタから送ってくる映像を先程申した様な事情から之を第一副調整室に送る様切換えました。

三、Cスタジオのカメラを使用することになった事情

このとき第一副調整室には送信所長、VTR課長、放送部長、和田副部長等が居られ、そこでこれらの人達が放送の調整をしておられました。

（和田調書によれば、このとき後藤課長、増田課長、竹田課長も居た。BG音楽を入れたのは竹田。したがって竹田は番組の始まったかなり早くから第一副調整室に居たことが分かる。）

四、Ｄスタジオの扉は誰が何のために開けたのか

1　逮捕状要旨

・・・・放送中のスタジオの扉を押し開き騒音を混入させるという凶悪な犯罪が行われた・・・・

2　岸辺順一部長の証言（その二）

検察調書要約

（七月十二日）

放送の始まる午後一時前頃、スタジオの西側扉の方から、スピーカーの、「キー」と云う音と共にがやがやという人声がしてきましたので、私は組合員がやって来たなと思ってその扉の方へ行ったのですが、すぐ携帯マイクで、シュプレヒコールをやり、それが終ると皆が労働歌を歌い出しました。

この扉と放送マイクとの距離は十米位で、この声は直接マイクに入って電波に乗ることは間違いないので、私は傍にいた、東次長や南副部長、柴田副部長らと一緒になって何とかして扉の隙間を塞いで音を防ごうと思って誰かが持ってきた、ジュウタンを皆で扉の隙間に当てましたが、扉の背が高いので役に立たず三脚を持ってきて上にあげたりしたのですが、今度は扉の隙間から組合員に引張られてジュウタンを取られてしまいました。

この間組合員らは、ずっと歌をうたったり怒鳴ったりしており、ジュウタンをとってから後は扉をスタジオ内側に向けて押し開けにかゝりました。

そのうちに扉は組合員によって、北半分を完全に解放されてしまいましたが、組合員はドアーの線から中には入って来ず、そこに三列位二十名程の者が並び、携帯マイクを持っているものもいて相変わらず歌をうたったりして騒いでいました。

ところが、庶務の多田副部長がこの組合員をかき分けて、その後ろからスタジオ内部に入って来て、組合員をカメラで写していました。

組合員らが乱入してこなかったので私共は力を得て私初め数人の管理職の者が開けられた扉のところに行き扉に反動をつけて閉めましたので扉はほとんど閉まりましたが、下の方はケーブルが入っているので少し開いたまゝでした。

普通ならこんなことをすれば、電線が二十数本入っているケーブルがこわれるので、こんな無茶はしないのですが、この時は開けっ放しでは騒音で邪魔されるし、ケーブルが切れるなら切れろと思って思いきってやった訳です。然し、ケーブルが切れて放送ができなくなったのではないかと心配になって瞬間カメラの方を見たことでした。

このような非常識なことは今後二度とやってもらいたくありません。ただこのようなことをした連中に対しては最前線で実行した者は背後から操つられたのではないかとも思われ、この連中を処罰してもらうよりも、むしろ背後で操ったものを処罰してもらいたいと思います。

四、Ｄスタジオの扉は誰が何のために開けたのか

（七月十九日）

ジュータンを扉の隙間に押し当てようとした際、脚立を使ったのですが、組合員の方は携帯マイクを上の方に移動するので、私共の方も脚立に昇ってジュータンの位置を上げ、このようなことを二、三回繰り返し最後には私共の方が位置を高くするため運搬車の上に脚立を立てようとしたのですが、危ないのでやめました。

そして諦めて放っていると、組合員らは扉を押し開けて騒いでいましたが、間もなく多田副部長が組合員をかき分けて入って来て、私共と一緒になって扉を閉めたところ、組合員らはおとなしくなりました。

（八月五日）

私共の方から故意に扉を開けるはずもなく、私としては、扉を開けた記憶はありません。ただ当時の状況を細かくは覚えていないので、或いは誤解を招くようなことがあったかも知れません。

私が扉の付近に立っていて組合員が扉を開けるのを黙認したようにみられたのかもしれません。或いは扉を閉めるのに勢いをつけた方が良いので、何人かと一緒になって後で扉に手をかけ勢いをつけて閉めましたが、その時にでも勢いをつけるために扉を少しでも開いたかもしれず、このことでも誤解して私が扉を開けたと言っているのかも知れません。仮にこのように私が少しでも扉を開

ける動作があったとしても、それは相手が扉を押したので、扉を閉めるのにさらに勢いをつけようと思ってそれ以上扉を開けようとしたまでで、最初から私が全部扉を開けたというようなことは絶対にありません。

（八月十九日）

記憶が判っきりせず、扉を押し開けたのは組合員であり、仮に私が開けたと思われているとすれば、それは扉を閉めるために扉に勢いをつけようとして開けたかもしれないというようなことを述べましたが、その後よく考えてみると私が初めの方で扉をよく閉めようと思って勢いをつけるために引き開けたことを思い出しました。

このときはノップはつかまず扉の端をつかんで引き開けたように思います。ところが丁度その時多田副部長が入って来て写真を撮ったのです。

多田君の話によると開いている扉も一旦閉めようとし、組合員の力で閉められなかったので、写真を撮ってから今度は私共の協力を得て扉を勢いよく閉めたと言っていますが、このように多田君らと協力して扉を勢いよく閉めたことは判っきり覚えています。

とに角当時は興奮していましたので、動作の詳細は覚えていないのです。

組合員らの中には私が罠を作るために開けたのだ等と言っている人があるそうですが、そんなことは全くありません。

私はどうして完全に扉を閉めようかとそればかり考えていた訳で、罠を作ったなどと言われるのは心外です。

2　岸辺順一部長の証言（その二）つづき

公判廷における証言抜粋

検察官

それで隙間の話が出ましたけれども、CスタからDスタへカメラを入れられた時に、大道具側の扉ですね、それは完全に閉まりましたでしょうか。

閉まりませんでした。

どれくらい開いておりましたですか。

約十センチぐらいです。

なぜそれぐらい開いたんでしょうか。

カメラのケーブルが大体、直径が二・五センチぐらいの太さがありますけれども、これをCからDのほうへ引張ってきまして、カメラを入れましたので、ドアーの下のほうで、かなり固いケーブルなものですから、直角に曲げいれるわけにもいきませんし、それがつかえまして、約十センチぐらいドアーが閉まらない状態になりました。

あなたは、そういうノイズというのか、妨害音、そういうものを、お聞きになって、どういうふうになさったんでしょうか。

先程申しましたように、十センチぐらいドアーの隙間が開いておりましたので、なんとかその混入してくる歌声なり、声を入ってこないようにしようと、最初は、ドアーを内側から、管理職とともに、閉めようと思って押したんですけど、下にケーブルが、噛んでおりまして、なかなか思うように、縮まりませんので、誰が持ってきたかは、記憶しておりませんけれども、まあセットに使った残りであったかもわかりませんが、絨毯がありまして、これを誰かが持ってきましたんで、それでこのドアーの隙間を押えまして、中へ入ってくる音を少なくしようと、あるいは、入ってこないようにしようと思いまして、ドアーの隙間に当てたわけです。

その絨毯というのは、どれくらいの大きさのものなのでしょうか。

大体長さ二米、幅一米ぐらいの、通常洋間などに使う、絨毯であったと思います。

家庭なんかに使う、絨毯ですね。

そうです。

厚さは、どれくらいですか。

厚さまでは、ちょっと記憶しておりません。二センチぐらいの厚さは、あったんじゃないかと思います。

絨毯で、二、三人で隙間を塞ぐ動作を、繰り返しておりましたけど、その内、絨毯の端が十センチぐらいの隙間にはさまったのか、とうとうこれを外側に取り去られてしまいましたので、取り去られたというのは、引き抜かれたわけですか。

　はい。

引き抜かれる前に、なんか他のものを持ってこられたというふうなことは、あるんですか、ないんですか。

　これも、誰が持ってきたかは記憶しておりませんけれども、スタジオの中で使います照明関係の器具を、吊ったりするような時に使います、ライティング、三脚、梯子ですね。

それは何で出来ているんですか。

　アルミ製です。

その三脚をもってきて、どうなさったんですか。

　これを、たたんだ状態では、普通の梯子のように使えるものですから、それを二、三段それをドアーにもたせかけまして梯子代りに使って、何段か上に、乗ったら絨毯を大分上の方まで持ち上げることが出来るものですから、それを使ってやった記憶もございます。

そうすると、絨毯をとられる前に、三脚は来たわけですね。

　そうです。

それからその後、どうなさいました。

　三脚をドアーに当てて、押えにも使ったりしたんですが、下が滑ったりしまして、やはり役に立ちませんし、そうこうします内に、小道具セットの小道具を運搬するように使っておりました運搬車、これは大体幅八十センチ、横が一米ぐらいの手押車でありますけれども、何で出来ているんですか、これは。

　鉄製でございます。

運搬車をどういうふうに使われたんですか。

　これを、横に長い方を、ドアーにもたせかけるといいますか、これで外からドアーが開けられないように、押えのつもりで誰かが、もってきた運搬車を、ドアーに当てたわけでありますけれども…

効果はありましたか。

　これが、車輪が、固定されておればよかったんですが、これが、ぐるぐる前後左右に、フレキシブルに、まわる車輪だったものですから、ドアーに直角のように回ったりしまして、なかなか押えの役目をなさなかったわけです。

三脚とか、手押車は、最後まで、ドアーの傍にあったんですか。

　これも、先程申しましたように、その頃から、非常に押されて、押えに使っておりました道具類も、がたがた揺れておったと記憶します。それで我々としましても、こういうことをやっておっても一向に隙間から入ってくる声は、小さくもなりませんし、又、私自身としましても、なんか三脚が倒れる音がするとか、手押車がこちらにぱっと押し戻されるというふうな一種の身の危険すら感ずるようになりましたので、それで、ほかの管理職の誰が、どれをもってそれらの、障害物をはずしたかは記憶しておりませんけど、今まで使っておりました三脚とか手押車をドアーの近辺から遠ざけました。

遠ざけたあと、あなたは、どうなさいました。

私は、その時、かなり押されておりましたドアーのへりを持ちまして、これ以上このまゝの状態ではどうしようもないと思いましたんで、反動をつけてドアーを閉めるべくドアーを開きました。

その開いた時に、ドアーの所におった組合員の人達の顔とか、名前を覚えておられませんか。

これも、先程から三脚とか、手押車を、誰がもってきたか、というふうなことわからないと申し上げておりますけれども、非常にこの時、声が混入されるような頃から、非常に自分としましても、頭の中、混乱状態に陥ち入ったというか、どうしてこういうことするんだろうというふうなこともあったと思いますけれども、なんか、ぼうっとしたような状態になっておりまして、特に私自身がドアーに手をかけて、開けた瞬間にも、普通なら、この状態で歌声なり、シュプレヒコールやめてくれるんじゃないかというふうな気もしたんでありますけれども、残念ながら、まえに変らず大きな声はりあげたりするようなことみてまして、本当に自分ながら茫然自失のような状態に陥ち入りまして、第一線の組合員として、誰が立っていたか、というようなことも、広石検事あたりの取調の時にも、散々言われましたけれども、私としましては茫然自失といいますか、最前列におられた方の名前すら、はっきり覚えておりません。

開かれたあと、あなたが茫然としている時に、なんか変ったことはありませんでしたか。

　庶務の多田副部長が入ってきまして、
どういう格好で入ってきましたか。

これも、はっきりとは覚えておりませんけれども、なんか、転がり込んでくるような、前かがみのような格好で入ってきたように記憶しておりますが。

入ってきて、多田副部長は、どういう動作をしましたか。

入ってきて、私が気が付いた時は、ドアーから三米ぐらい離れたところで写真機を、開いてるドアーのほうに向けて写真を撮っておったと、記憶しますけど、その間に、誰かが、開いているドアーを閉めて、それが再び跳ね返えされたというようなことも、うすぼんやりとは、覚えておりますが、それが誰であったか、というふうなことは記憶しておりません。

弁護人
絨毯を組合員の者にとられたということ、あなた言ってますがね。絨毯というのは、あなたがドアー開けた時組合員の中で誰が持っておりましたか、あるいは組合側の立ってるどこにありましたか。

　全然記憶ないです。

絨毯をとられてから後の隙間はどうして防いでおるんですか。

これはできるだけ間隔を、縮めるよりほか、別にあとに代るべきようなものもなかったと思いますし。

そうですか。

はい。

そのまま三脚とかこういう道具類で押しておっただけだ。こういうことですか。

はい。

その絨毯は結局、とられたとあなた思ってるんで、しかもあとには全然見たことがない、こういうわけですか。

はい。


多田副部長というのは何係の人ですか。

その当時は、庶務の副部長だったと思います。

庶務部というのは、撮影中のスタジオ現場で関係あるんですか。

直接ありません。

その人が入ってきたわけですね。

ええ。

なんの為に来たんですか。

なんの為に来たか、その時は、私はわからないわけです。

四、Dスタジオの扉は誰が何のために開けたのか

前に連絡なかったですか。

　全然ありません。行くというような連絡は…

勝手に入ってきたわけですか。

　はい。

撮影中の現場へ職制だろうと関係のない人間が入って来るというのはいけないということになっているんでしょう。

　平常な場合は連絡なしには入ってきません。いわば社内の立入禁止のところへ庶務の副部長が突然転がり込んできた、こういうことですか。

あなたが、最初に副部長を見た時に副部長はどのあたりにおりましたか、組合員に、具体的な関係位置は覚えておりません。

あなたの前回の証言では、ドアーを開けた途端に多田副部長が突然転がり込むように入ってきた、こう言われたんですがね。だって前には組合員が、何列かにわたって並んでいるわけでしょう、そうすると多田副部長は組合員の前列におったわけですか。

　下をかいくぐってきたか、そのへんのいわゆる具体的な格好ですね、というようなことは、私の記憶としては殆んどないわけです。

あなたが気付いたのは、ドアーのところから中へ入ってからですか、それ以前はどういう格好で、どこから来たかなんてことは記憶ないんですか。

　ないんです。

本当は組合員達の一番後において組合員の列をかきわけて出てきた、そういう記憶はありませんか。

　ありません。

本当にないですか。

　ないです。

さっきの検察官に調べられた時の話ですが、あなたが言われておるのには、組合員の列の後から、それをかきわけるようにしてスタジオの中に入ってきたんだということを言ってるんですがね。あなたちょっと話がそれますが、検察官のところで話したことは正確な記憶に基いて間違いないということを言ったんですか、あなた少々そうかなと思う程度のこともほかの人の供述と合わしたり検事さんは誰それはこう言ってるでということで、そういうふうに言ったりしたというようなことが、あったんじゃないですか。

　百パーセントその時は、尋ねられたポイントに対しては、私の主観として申し上げておりますけれども。

そんなにはっきりとかきわけて入って来たというような表現で、言われるようなものであれば相当鮮烈な印象があったんじゃないかと思いますがね、どうなのですか。

　今はそういう印象はありません。

記憶はない。

　はい。

突然に入って来た。こう思うわけですか。

はい。

入って来て多田副部長は逆に今度組合員の方を向いて撮影を始めたそうですね。

はい。

どういうカメラでしたか、持っていたのは。

それもその時はわからなかったです。

あとで聞いたら、あるいは、見たら

見たんじゃなしに、ポラロイドカメラで撮ったんだと聞きました。

ボラロイドカメラというのは、距離など合わせなきゃ写らないですね。

はい。

そういうのもやっておりましたか、操作は

私が気付いた時は距離を合わしてるというか撮影してるというかそこまで具体的に細かい点は

わからないんですが、

どういう姿勢で撮影しておりましたか、つっ立ったまゝでしたか中腰でしたか。

覚えてません。

ドアーを、そもそもあなたが開けたというんですがあなたがドアーを開けるについては芦田次長なり、東次長は横にいたわけでしょう。

芦田次長はCスタジオの副調のほうへ行っておったんだと思います。

東氏はおりました。

東次長には相談しなかったんですか。

一言も相談しておりません。

あなたの独断でやったわけですか、一人でそういうのをドアー開けたほうがいいと考えてやられたわけですか。

はい。

あなた前回の検察官の尋問から、自分が開けたということを言われておりますけれども、そういう私は、それが真実であれば言われたということについては、敬意を表しますが、そういうことを検察庁段階で、言われましたか、組合員が開けたんじゃなくて、私が開けたと。

はい言いました。

言いましたか。

あとのほうでは、言いました。二、三遍調書をとられておりましたんで一番最初の時は申し上げておりません。

七月の十二日、十九日と本件で検察官が取調請求した調書なんですがその二つの調書を十分読んだつもりなのですが、あなたが開けたんだということは書いてないですよ、そのあとの調書であるいは検事さんには、言われたんかもしれませんが、検察官が取調請求してる調書では、全然でていない。組合員が開けたんだということになっている。

・・・・

それじゃ、あなたが開けたんだということを認められたのは八月に入ってからの検察庁での、最後の調べの頃だと聞いていいですね。

　ええ。

最初の二回の時には組合員が開けたんだというふうに供述はなっておりましたね。

　はい。

警察でも、同じようなことを、組合員が開けたんだということで、言っておられたわけですね。

　そうです。

八月の三日に、この被告達が、他の組合員と一緒に逮捕されたわけですけれども、あなたが供述を変えられたというのは、組合員達が逮捕されてしまってから、あとのことでしょう。

　そうです。

それから現場でドアーを誰が開けたかというのは、一番直接の目撃者としては、あなたですよね。

　はい。

当然逮捕の時には、検察庁の七月段階の二通の調書、警察の調書、これが重要な証拠になっておった。これは私達は当然考えるわけです。逮捕勾留のあとで供述が変った、あなたの証言したことによって供述によってこの事件の捜査が始められ、被告が逮捕され、あなたの部下であった人達は全部起訴猶予になってるらしいけれども、その人達も逮捕勾留された、その点についてあなたはどういうふうに考えているかということを最後に聞きたい。

当初私は、この前の主尋問でも申し上げましたけれども非常に興奮状態といいますか、茫然自失の状態になりまして、あとで自分で開けたというふうに申し上げましたけれども、その時に僅か二米ぐらい前に並んでおられた組合員の方達の顔も思い出せるはずだといわれましたけれども実際私は、記憶よみがえらすこともできなかった程あるいは、ひょっとして開けた時に歌声やめてくれるんではないかというふうなことも、ふと考えましたけれども、シュプレヒコールそれも残念ながら、止めてもらえなかったというふうな状況下で、非常に興奮状態といいますか、茫然としておりまして、その前に脚立あるいは、手押車でこちら側として防戦している時に非常に押されてきたというふうな強い印象と、あとでそれが多田副部長であったということを聞きましたけれども、誰かがドアーを閉めてそれが跳ね返ってきた。こういうような印象、そういうものが、積み重なって組合員が押し開いたんだというふうに思っていたわけですが、それでなにしろ開いておったことは、事実でありますし、そこから声が入ってきたことも事実であって、それを組合の方から押されたんだと私は思いこんでおりました。

早く思い出されたのなら、これが事件になる前にもっと正確な記憶がよみがえってきたらよかったんだ、非常に残念に思います。

はい。

弁護人

この当時ドアーは本当に押されていたんですか、外から。

押されていました。

あなたが思いきってドアーを引張りましたですね。

はい。

その時に転がり込んできたのは誰と誰ですか。

多田副部長だけです。

組合員は転がり込んで、こなかったですか。

ええ。

そのはずみで誰かが、前の者が飛び込みそうになったという様子は見られませんか。

覚えておりません。

そうするとよくわからないんですが、あなたドアー開けた時突然に開けたんでしょう。

ええ。

勿論外から押されてるからですね、あなたは引張ってぱたんと閉めようと思って開けたんですね、
多田さんが転がり込んで来たというなら多田さんが押しておったということになりますか。

そういうことは…。

それはわからない。

ええ。

外側のことはよくわからないわけですね。

はい。

それから何回かあなたが、検察庁へ行って調書とられたらしいんですが全部で何回行ったか覚えておられますか。

　四回ぐらい…。

一番最後が八月十九日であったということは。

　覚えておりません。

最後の時は検察庁から来てくれと呼び出されて行ったんですか。

　多分そうだったと思いますが。

あなたのほうから進んで行ったんではないんですか。

　しょっ中といったらオーバーですが呼び出しがあったものですから、はっきり覚えておりません。

その前の八月五日の時はどうですか。

　も呼ばれて行ったと思います。

その際に扉を君が開けたという者がおるが、どうかと念を押されて尋ねられてますね。

　はい。

そのことを当時特に扉を君が開けたのかと尋ねられた記憶ありますね。

　あります。

それに対してもあなたは絶対に自分が開けたことなんかないんだ、というふうに述べておられるんですがね、ところが突然に八月の十九日になって、いや実は思い出した、よく思い出されるわけですがね実はあの扉は自分が開けたんだというふうにおっしゃったんですな。これはあなた進んで出かけて行って云うたんではないんですか。

最後ですか。

ええ。

自分で行ったのかもわかりません。

記憶はっきりしませんか。

ええ。

扉の件については、あなた随分検察庁へ行く度に、念を押されて聞かれているようですけど、その記憶ありますか。

それ程聞かれたとは、記憶しておりませんが。

あなたの七月十二日付の供述調書では、その内に扉は組合員によって北半分を完全に開放されてしまいましたが、組合員はドアーの線から中へは入ってこずにというふうに述べておられますね。それから七月十九日には、運搬車と脚立を立てようとしたのだが危ないので止めた、そして諦めて放っていると組合員は扉を押し開けて騒いでおりました、それでそこに多田副部長が人波をかきわけて入って来た。こうなってますね、それから八月五日の日の供述調書では問いがありまして五月六日の「ママ育日記」の放送中Dスタジオの大道具寄りの扉をあなたが開けた為に組合員の騒音が放送に混入したという事実がありませんかと、こういうふうに尋ねられている。そこで私どもの方からは故意に扉を開けるはずもなく私としては扉を開けた記憶はありません、ただ当時の状況細かくは覚えていないのであるいは誤解をまねくようなことがあったかもわかりませんと、多少後退してるんですね、それからいくら押えていても組合員らの力が強くて、このまゝではとてもかなわず、云々となって運搬車や脚立をとりはずした。このような動作の時に扉付近におったので扉を組合員が開けるのを黙認したようにとられたかもしれない、これでもまだ開けたとは云ってない。それでその次には扉に手をかけて勢いつけて閉めた、ここでも組合員が開けたというふうに述べていますね、最初は、私は扉を開けたということは、絶対にありません、それが八月十九日になりますと、その後よく考えてみると、私が始めの方で扉をよく閉めようと思って勢いをつける為に扉を引き開けたことを思い出しました。あれだけ言われなかったことを突然に思い出されている、でさらにそのあとにもう一つあるんですがね、あなたこの間の証言であなたが扉を引き開けた後に一遍多田副部長がドアーを閉めかけとったのを見ていると。

検察官

ちょっと異議があります、今の尋問は前回この証人が答えたのは、誰かわかりませんが、とそういう証言をしているはずですけど、弁護人の主尋問によりますと、多田副部長が、というふうなことで少し誤導尋問のきらいがありうるのでご注意願います。

弁護人

多田であろうと、誰であろうとわからなければ結構なんですが、誰かが閉めようとしたことがある、というふうな証言があったと思うんですがね。多田の名前は撤回します、その際に誰かがドアーを閉めたという記憶があるんですか。

うすぼんやりとしかないんです。

うすぼんやりでもあるんですか。

ええ。

多田副部長がドアーを閉めかけたという記憶はありませんか。

ありません。

そうするとあなたは、多田副部長から自分がその時に一旦転がりこんだ後にドアーを閉めようとしたという話を聞いたことはありますか。

あとではあります。

ところが多田副部長がそういうふうな話をしておったけれども自分としては多田さんが、ドアーを閉めようとした記憶はなかったんですかその時

なかったです。

そうすると、多田さんに関する限りはドアーを閉めかけたという動作は記憶ないこういうことなのですね。

はい。

それでその後も誰かしらない人がドアー閉めたという記憶はあるんですか。

それがはっきりとは覚えてませんが、そういうふうなぼんやりとした記憶があるということです。

それだったら、多田さんか、誰か知らんけど一人で閉めようとして閉められなかったという記憶があると言っているはずだと思うんですけど、あなたの八月十九日付供述調書では結局当時は興奮していたので動作の詳細は覚えていない、これはあとのほうですが。その前に私どもは協力して扉を勢いよく閉めたというふうに多田さんが言っておられるらしいが多田君らと協力して扉を勢いよく閉めたことははっきり覚えているが多田君が一人で閉めようとして閉められなかったということについては全く覚えていないというふうな供述があるんですがね、この日は初めから終りまで、扉の開け閉めのことについて開かれているその際に、誰だか判らないけれども閉めようとしている人があったんだったら、あったように思うと述べて然るべきだと思うんですけどね、その当時覚えていましたか。

そういう記憶が、ちょっとあったかもわかりませんがあまりはっきりした記憶でもないので申し上げなかったのだと思います。

しかしはっきりした記憶かどうかは別として、全く覚えていないという供述の仕方を、あなたされているんですね、ドアーを閉めようとしていたと言いだしたのは地労委が初めてですか。

だと思いますが。

それまでは格別聞かれたことがなかったので述べなかったんだ、その記憶はもともとあったんだ、こういうことですね。

はいそうです。

当時あなた相当興奮しておった、こう言ってそれでそのへんの記憶がうすぼんやりとしていていてとあるんですがね、今只今言われた誰かが閉めていたという記憶ははっきりしてるんですか、うすぼんやりとしてるんですか。

はっきりしてません。

多田さんがその当時自分が閉めたことがあると言っていたことは、あなたよく覚えているんですね。

あとのほうです、それは。

いつ頃それを聞きましたか。

八月に入ってからじゃないかと思いますが。

弁護人

多田さんが入ってきた時の状況についてもう一度お聞きしますが、これはあなたが扉の隙間をさらによく閉める為に反動つけて一度大きく開いた、そこへ多田氏が入って来たということですが先程の証言によりますと三米ぐらい内部に転がりこんできた、こういうふうに言われるんですね、あなたは閉めるつもりでお開けになったのであれば多田さんが入った直後どうして扉そのまゝお閉めにならなかったんですか。

その点につきましても、先程あるいは主尋問の時にも申し上げましたけれどもなにしろ思っていた以上に異様な光景をみたのと、開いた時にひよっとして歌声なりなんなりを止めてくれるんじゃなかろうかと思いましたけれども残念ながら止めてもらえなかったという状況下で、私としましても茫然自失というか

四、Ｄスタジオの扉は誰が何のために開けたのか

茫然とそこにつっ立ったというふうな異様な光景とおっしゃいますけれども異様でもなんでもないじゃないですか。

私にはまあ。

外から歌声が聞えておったんですからどういう状況であるかということは扉開ける前からすでに十分ご承知だったと思うんですがそれ以外になんか異様な風景がございましたか。

異様で言葉の表現はともかくとしまして。

あなたは棒をのんで立ちすくんでしまう程異様な事態でもあったんでしょうか。

そこで歌なりなんなりを続けているというふうな状況も

あなたはね、閉めるつもりで一旦開けた、そこへ多田副部長が入って来た、これだけであなたは閉めなくなったこういうことですね。

いや

あなた多田副部長の写真撮るの協力する為に一時そのまま扉開け放して放っておいたんじゃないですか。

そんなこと絶対にありません。

扉開けたまゝ放っておいて放送の方は、どうなるという懸念は何もなかったですか。

勿論閉めるつもりで…。

閉めるつもりで、お開けになった。

その時はそうですけどその時の心理状態というものがなかなか口では説明申し上げられません

けれども。

放送に対する懸念もその時は全然起らなかった程茫然自失してぽかんと立っていたんですか扉を開けて。

はい。

多田氏は、これはもともと部外の者が立入禁止の状況になっていたわけですが、そこへ多田氏が入って来るについて何かそこにいた関係者に事情なり入ってきた理由なりについて説明はございましたか。

ありません。

あなたの方でお聞きになりましたか。

聞いてません。

あなた先程から肝心のさわりの部分になると、どうも興奮していたのでとかそういうことをおっしやって、記憶がはっきりしないと云うふうにおっしやるんですが、先程からの証言を聞いておりますと、一方においては当時は記憶が鮮明であったというふうにもおっしやる、どういうふうにお聞きしたらいいんでしようか。

まあ、しかし相当ドアーの隙間から声が入ってきた時からすでにかなり頭混乱というか興奮状態に実際になっておりまして二年経ったから言ってるわけじゃないんですけど、非常に自分としても記憶がはっきりしない分野もあるわけなんです。

あなた常から興奮されるご性質なんですか。

割合気の短いほうです。

今も興奮されているんですか。

いやいや、そういうことはないんですけど。

弁護人

先程から、絨毯の話が何度も出たんですが、絨毯の材質はどういうものなのですか。

普通の毛の製品だと思いますけど。

和室用のものですか洋室用のものなのですか。

それはどちらかは、その時使ったやつは、はっきり覚えておりませんが、大体洋間に使う、玄関先なんかに使うようなやつじゃなかったかと思います。

そうすると、裏に裏打がある絨毯ですか。

そうです。

裏打をしてあるものの材質はゴムかなんかですか。

さあ覚えておりません。

いずれにしても少し固いものですね。

そうです。

そうするとその絨毯はそんなに簡単に折れ曲がったりはし難い性質のものですか。

紙のように折り曲げるということは勿論できませんが、曲げるというかたたむことは出来ます。

出来るでしょうが、普通のたとえば毛布のように簡単に折り曲げるというわけにはいかないでしょう。

　いきません。

幅が一米ぐらいある、というんですか。

　そうです。

その絨毯を、むしろのように広げて隙間にぶら下げていたというんですね。

　そうです。

それがなくなった時の状況、あなた見ていたんですか
　見ております。

どないしてなくなりました。

　外へ引張り出された。…

どういうようにして、引張り出されたんですか、紙芝居の絵を引くようにさっとなくなりましたか。

　そこまで、具体的には覚えておりません。

具体的にて、それ以上、それじゃどんな方法があるんですか、どういう状況をあんた覚えているんですか。

　絨毯の端が隙間に入った時だったと記憶しますけれども、それが外へとり去られたということで…

端が入るのはいいですよ、幅が一米縦が二米もあるんでしょう、それが端が扉の外へ出てそのまゝ

するするとなくなったら丁度紙芝居の紙引っ張ったみたいになるでしょうそれを言うているんですよ。

・・・・

どうなのですか。

・・・・

あなたそこの現場は見てないんでしょう、絨毯がなくなる時の状況は。

いや、ドアーの近辺にはおりました。

おっても時々茫然自失するからわからない時もあるんじゃないですか、それともどういう状況であなたの手元にある絨毯がなくなったのか言って下さい。

だからそれを具体的にはっきりと順序だてて申し上げることはできません。

具体的にわからないというんなら、こつ然と消えたんでしょう。そうじゃないんですか、小さいものなら、こんなノートならいつのまにやらなくなったと言えますよ、長さが二米、厚さが二センチそんなものがなくなる時の状況がそう記憶にないというのはおかしいでしょう。それもあなたの方で要らんものでない、使っておられたというんだから防音用に

はい。・・・

どうなのですか。

はっきり思い出しません。

覚えてない。

はい。

なくなった時の状況覚えてない、そうお聞きしていいですか。

ええ。

それじゃあんたなんでとられたといったんですか、絨毯がなくなった時の状況はわからなくて、その絨毯が、とられたものか、とられてないものかわからんでしょう、絨毯は持ってた会社の人が隙間から外へほったかもしれんでしょう。

そういうことはしかし考えられません。

考えられるかどうかを聞いているんじゃないですよ、あなたはともかくわからんだろうということを言ってるんですよ、先程来の証言の状況だと、
だから外へとられたというふうに思ったから・・・・・

あなた思っただけの話ですか、そう思ったと、あなたの考えを言っているわけですね。状況はわからんわけですな。

こと細かにはわかりません。

それ以上細かに言いようがないでしょう、要は絨毯がなくなった時の状況はわからない、こういうことですね。結論はそうお聞きしていいわけですね。

はい。

そうすると、先程とられたと言った、言ったけれどもあれはあなた自身がとられたと思ったということですね、そういうことですね。

そうです。

3　多田猛庶務部副部長の証言

公判廷の証言抜粋

検察官
すると一時頃証人はまだ総務局におられたんですか。

　正午後一時という意味ですか。

ええ。

　おりました。

そのとき証人はどういうことをしておられたんですか。

　総務局におりましたところ、テレビからママの育児日記のタイトルが出るのを見ておりました。

テレビを見ておられたんですか。

　そうです。

ご覧になっておつて変化があったのかあるいはなかったかそのへんのところはどうなんでしょう。

　午後一時からママの育児日記というタイトルが出ましてテーマが流れるわけです。それが一分半位しますとコマーシャル、テーマが終りましてスタジオに切り替わったところだと思いますがテレビのスピーカーから異様音が混入しているのを知りました。

それで証人はどうなさいました。

おかしいなと思いましてテレビのそばに行きましてボリュームを上げました。そうしますと中から異様な音が聞こえるのがわかりました。

異様な音と言いますけれどもどういう音なんでしょう。

シュプレヒコール、団交を開けとか社長出てこいとか歌声なんかが混じっているのを知りました。

頑張ろうだったと思います。

それで証人の方で異様音を聞かれてどんなふうになさったんですか。

先程申しましたようにボリュームをいく分か上げて放送の中にそういった労働歌とかシュプレヒコールが混入しているのを確認しますとこれはなんとか止めなければならないと思ってとび出そうとしたわけです。そうしますと網野次長が一人では行くなというようなことを言われましたのでそばにおりました管理職四、五人に呼びかけまして人事部の部屋に入りカメラを持って現場へ行ったわけです。

通常私達は放送するための要員ではありませんので絶えずカメラ等は携行するように上司から言われておりました。もしもそういうことがあった場合には一応証拠として残すためです。

するとDスタに行かれるまでのコースはどういうことになるんですか。

総務局から出ましてスタジオに通じる通路を通りましてそのほかにあと三つスタジオがあるわけですが、Cというスタジオと Bというスタジオその間に通路があるわけです。それを抜けまして隣合わせになっているCスタジオのフロアを抜けまして大道具室の扉の方に行きました。

それで証人はDスタのフロアの大道具側の入口のそばまで行かれたわけですね。

そうです。

そばまで行かれるまでの間に大道具側の部屋のところに変ったことはございませんでしたか。

そこへ行きましたら大道具側の扉は開いておりまして二、三十人の組合員が三列位になって立っているのが後から見えました。

労働歌を歌ったり団交を開けとかそういったようなシュプレヒコールをやったりしておりました。

証人はそれをご覧になってどうなさったんですか。

とりあえず中にはいろうと思いましてその人垣をくぐってスタジオの中の方へ人垣の前の方へ出ました。

それから。

　前に出てみますと自分の目の前に拡声機につないであるマイクロホンの線がありましたのでそのマイクロホンの線を取り上げようと思いまして引っ張りました。

マイクロホンの線を引っ張られた位置ですが、組合員の人達の列からいうとまん中へんなのかあるいはそのもっと前なのか後なのかそのへんはどうですか。

　三列位ありました最前列です。

それでコードを引っ張られたということはわかりましたが、携帯マイクのラッパの方は誰が持っておったかということはご覧になりましたか。

　そのときは誰がマイクロホンを持ち、誰がラッパを持ったということははっきり見ておりませんでした。

それで線を引っ張られてマイクというのは証人は自分の手元にきたんですか。

　きませんでした。結局取れませんでした。

証人が大道具側の入口へ行かれたときにはDスタのフロアのドアは開いておったんですか、閉まっておったんですか。

　開いてました。

そうしますとそのシュプレヒコールとか労働歌はDスタのフロアの中へ聞こえるかどうかということはどういうふうに考えられました。

　歌っておりますし、叫んでおるわけですからそのままスタジオの中に音は入っておりました。

その音を聞きましてこれが先程自分の聞いたテレビの音だなということが判りました。

マイクロホンを取れませんでしたので、そのまゝ中に入りましてすぐ左手にカメラを持ってましたので右手でドアを閉めにかかったわけです。

中へ入いられたんですか。

ええ。

入るときに誰も妨害はしなかったんですかしたんですか。

別段妨害しませんでした。

それで扉をどの程度お閉めになったんですか。

直ちに扉を閉めようと思いまして扉を閉めにかかりました。

はっきり記憶しておりませんが、八割程度は閉めたと思います。

あなたが入られたときのスタジオのフロアの西側のドアはどれくらいに開いておったんですか。

そのドアは一枚なんですか、二枚なんですか。

九十度、要するに中に対して全部開いておったことになります。

それで開かれておったドアは大道具側から見て右側なのか左側なのか。

二枚です。

左側の方です。

それが中に九十度程度開かれておったということですね。

はい。

それを証人は八割程度閉められたんですね
はい。

それは閉まりやすいドアなのか閉まり難いドアなのかどうでしょうか。

なかなか鉄製で重たい扉なんですがはずみがつきますと簡単に片方の手でも閉められます。

それから八割位閉めたあとはどうなったんですか。

結局また押しもどされましたのでまた九十度位開いてしまいました。

そのときに九十度位押しもどされたと言いましたけれども組合員の人達はDスタのフロアの中まで入ってきて押したからそういうことになったのか、あるいはそうでなかったのか、証人の直接見られたところを証言して下さい。

組合員は中へ入って来てません。多分手で押しもどされたんだろうと思いますが、ぱたんと閉めたわけです。

手で、外側から押しただけで九十度位は開くんですか。

はい、開きます。

証人がそのドアを八割位閉められたときには証人はそのドアにくっついていかれたんですか。

くっついては行ってはおりません。

すると証人も手でぽんと押しただけなんですか。

私の場合は一メーターか二メーター位歩きまして持っていったんですが、どんと開けられまして扉から手を放しました。

あなたが八割位押して押しもどされたわけでしょう。

はい。

同じ位置におったらあなたはドアに当るんではないんですか。

ドアの後になって横から手でやっておりますから手さえ離せば当りません。

そのあと証人はどういうことをされたんですか。

閉めて音を消そうという努力がむだになったもんですから写真をとりました。

図面に②と記入されました所からどちらの方を向いて写真を撮影されたんですか。

組合員が立っている方すなわち西の入口の方を向いてシタッターを切ったわけです。

そのときの組合の人達の最前列と証人の位置とはどれくらいの距離があったでしょうか。

三メーターから四メーター位。

撮られたのは一枚だけですか。

そうです。

その写真を撮られてからあとで証人はどうされたんですか。

写真ができて写っているかいないかをすぐ確認いたしましてそれでその写真を中におりました管理職に手渡しました。

そのカメラはすぐ焼きつけとか現像ができるカメラですか。

はい。

それで開いて見られたら写っておったんですか。

写っておりました。

その写真を抜き取られたんですな。

そうです。

管理職のどなたに渡されました。

柴田という副部長と思います。

思うんですか。

はい。

その柴田という副部長に渡されたのはカメラなのかあるいは写った写真のネガというんですか原板というんですか、それを渡されたのかどっちですか。

原板の方です。

カメラ自体はどうされたんですか。

スタジオのすみっこに踏まれないように置きました。

それからあと証人はどうされましたか。

一応そのへんにおりました管理職を手招きで呼びましてドアを四人で力いっぱい閉めたわけです。

そのへんの管理職と言われましたがどんな人達か覚えておられますか。

東次長、岸辺部長、南当時の副部長、私と四人です。

それからカメラを構えて写すまで、あるいは開いて焼きつけの終るまでどちらでも結構ですが、どれくらいかかりましたか。

三十秒か四十秒程度と思います。

それから東さんと岸辺さんと南さんと証人の四人でドアを閉められたときはどれくらい閉まりました。

ほとんど閉まったように思います。そのスタジオの中にケーブルがきておりましたのでケーブルの部分だけ除いて上の方はほとんど閉まりました。

それで写真を写されたときその後ドアを閉められた時点その頃Dスタの西側の入口附近にいた組員の人達は静かになっておったんでしょうか、あるいはどういう状態だったんでしょうか。

やはりシュプレヒコールなり労働歌なりを歌っておりました。

それで閉められてからどれ位そういうシュプレヒコールなり労働歌が続いておったんでしょうか。

二、三分続いておったように記憶しております。

騒ぎが静かになりましたので組合員達は去ったものと思って見ますといませんでしたのでその入口から先程の写真とカメラを持って総務局へ帰りました。

そうです。

そのシャッターはスタジオのフロア側にあるんですか。

ええ、ございます。

それからこのDスタジオの西出入口のところにシャッターがありますね。

当時そのシャッターはどういう状況でしたか。

壊れておりました。

では上ったまゝですか。

そうです。

いつ頃故障したんですか。

大体四月二十六、七日頃だと思います。

昭和四十年の。

はい。

弁護人
あなたがDスタジオの大道具部屋の扉のところへかけつけられたときには、既に扉は開かれていたとおっしゃっておりますが、その通りですか。

　そうです。

あなたはその現場附近までかけて行かれて一気にその扉のところまで到達されたんでしょうか。

　そうです。

そこへ行って組合員をかきわけて、すぐに扉の中へ入ったということでしょうか。

　そういうことです。

一時組合員の後に立ち止まっておられたことはないですか。

　瞬間的にそういうことはございました。

秒にしてどのくらい。
　一、二秒ですね。
もっと長くはないですか。

　長いことおったようには記憶しておりません。

そこにいた組合員の話によると、あなたがしばらく後にじっと立っておられたという人がおるんですが、たった一、二秒位でしょうか。

　そうです。

それであなたが扉の中へ入ってすぐに写真の用意をされたんですか。

いいえ、一旦入りまして、自分の手で扉を閉めました。

あなた一人でですね。

そうです。

それはこの前のご証言では確か片手で横の方からぐっと押して閉めたというようにおっしゃっていましたね。

はい。

それが八十パーセント位まで閉まったというふうに言っておられたと思うんですが、地労委の証言では四十五パーセント位とおっしゃっているんですが、正確にはどうなんでしょう。

地労委では確か四十五度位と申し上げたと思いますが、それは後から考えてみますと、自分の閉めたドアが、組合員がスタジオの中に入っておりませんので、押し返されて開けられるという状態は四十五度ではなくてやはり八十度位と思います。

あとから考えて訂正するということですか。

地労委では記憶違いしておりました。

地労委で証言されたのはいつ頃のことでしょう。

去年だったと思います。

去年の十一月の十四日ではないでしょうか、十一月ですね。

そうです。

現在よりも地労委での証言の方がこの事件から日時の点では近いんですが、後から思い直してみるととおっしやいますが、当時もよくよく考えられた上でのご証言ではなかったんですか。

角度でものごとを申し上げておりましたので、私の言い間違いでございます。

ここの法廷では八十パーセント位とおっしゃいましたね。

この前は、八割位ですね。

ところが最初九十度開いていたとあなたこの前の証言ではおっしゃらているわけです。九十度の八十パーセントなら七十二度になるんですわ。だからパーセンテイジで言おうが、角度で言おうが最初九十度開いていていたんだから、同じことになるんですよ。九十度開いていて八十パーセント閉まったんだから八十度までしまったと、七十二度じゃないんですか。七十二度ですね、ところが、四十五度というのはそれでも大分違いますね。

ええ、半分位と申し上げたんですが、それは確かに私の言い間違いでした。

そのときも、よくよくお考えの上のご証言でしょう。

長時間に証言及んでいるものですから、たまたま間違ったと思います。

一旦あなたが手で押してお閉めになって、それからどういうことになったんでしょうか。

組合員達の手によって再度九十度まで、直角まで扉が開いてしまったという状態です。

そうすると組合員の姿が見えましたか。

いや、ドアの陰になりますので、閉めた場合は見えておりません。

片手で押したんなら、なぜ扉の陰になりますか。

やはりドアは重たいですから、押すような形になりますね。

この前は横の方からぐっと押して。

　横の方で押して最終的には自分の陰になりますね。

横の方から扉を押しているから、すき間から外は見え放題でしょう。

　そういう閉め方と、横から反動つけてぐっと押すのと両方ありますね。

この前ずっと前へ押したんじゃなくて、横からこう片手で。

　最後まで、私は横から片手で押したというふうには証言しておらないはずです。

押している組合員の姿は見えなかったわけですね。

　見えておりません。

あなたこの件については、地労委ではどういうふうに証言なさっております。

　そういうところまでは詳しく証言しておりません。

当時、組合員の笠置というのは、そこにおりましたか。

　これは、あとから写真を見ておったことを確認しました。

地労委では、あなたは笠置の肩が、ちょうつがいのところにあって扉を閉まらないようにしていたと言われているんですが、そういうことをおっしゃったことありますか、地労委で。

　あります。

どういうことで。

　それはあとから、写真を見てそういうふうに判断したとそのときにも申し上げました。

あとから写真を見て証言なさっているわけですね。

　そうです。

ちょうつがいのところというと、ドアの一番根本のところですね。

　そういうことです。

あなたが扉を押したのは。

　一番端でございます。

そのところに肩があったくらいで、閉めるのに邪魔になりますか。まあ、よろしいわ、とにかく組合員が扉を押しているというところ見てないんですね。

　開けるというところは見ておりません。

当時コードが下にはっていたのは記憶しておりますか。

　知っております。

これは扉に最初から、隙間ができていたんですね
　そうです。

勢いよく扉を閉めると、コードで扉がはね返ってくることもあるということをあなたご証言になりましたね。

　いたしません。

コードはゴム製でしょう。

　そうです。

一般論としてはあのケーブルによって反動があって、全開までくるとは私は思いません。

いく分もどってくるということは考えられませんか。

いく分の度合をおっしゃって下さい。

何パーセントとか何度とか言えませんが、多少。

私もそういうことしたことございませんから、知りません。

一般論としてどうでしょう。あなたは技術屋ですから。

ゴムの被覆面が非常に堅いんですね。

しかし、ゴムはゴムでしょう。

硬質ゴムなんですね。

コードですから、這わさんならんから、蛇みたいにぐにゃぐにゃ、曲げられるようになっているんでしょう。

ええ。

だから、若干弾力はあるんでは。

若干、弾力は当然ございます。我々が常識で考えるゴムまりのようなゴムとは性質違います。

堅いですから、そんなに弾力があって、はね返るとは考えられません。

多少、弾力がありますね。

あります。

扉をぽんと押して下のゴムにがんと行き当たっても全然もとへもどらないとおっしゃるんですか。

そのときの状態では、ゴムにつき当たるところまでドアは閉めておりませんでした。先程から申し上げますように、八割程度というのはゴムまでまだ十センチから十五センチ位間はあるものと思います。

それで、あなたもう一ぺん扉もどってきたんで、その写真を写すつもりになって、すぐ用意されたということですか。

　そうです。

扉が、写真を写せるほど大きく開いてくれれば誰か組合員が、扉が開いたのと同時に中へ踏みこんでくると思うんですが、そういう人はなかったでしょうか。

　なかったです。

組合員は依然として、扉の外に立っておりましたか。

　そうです。

全員ね。

　はい。

写真機の操作にはどのくらいかかりました。

　写し終わるまでの状態ですか。

ええ。

　せいぜい二、三十秒間、長くとも四十秒程度かと思います。

これは最初扉の中へ入いられてから、どのくらいしてから写真を写す用意をされました。

　扉を入りまして、ドアを閉めまして、開けられまして、それからです。

その間、時間どのくらいでした。

　せいぜい、二、三十秒と思います。

写真を撮り終わってすぐまた扉をみんなで、こんどは一緒に閉めたわけですね。

　ええ、四人ほどで閉めたわけです。

その間の時間どのくらいかかってます。写真を撮り終わってから扉をしめるまでの時間。

　とり終わってからも、直ちに行ないましたのでこれもやはり二十秒までだと思いますが。

写真を撮る用意をして撮り終わった時間は今おっしゃった三十秒ないし四十秒ですか。

　はい。

すると、最初扉の外から中へはいって来て一旦扉を閉めようとしてまた開いたんで、写真を構えたと、それまでに大体三十秒とおっしゃいましたね。

　はい。

それから、写真を構えて撮り終わったのが三十秒、それからこんどは写真機を置いてみんなで一緒に閉めたのがなんぼです。

　やっぱり三十秒程度と思います。

するとあなたのお入りになって、扉を最終的に閉め終わるまでの時間は三十秒、三十秒、三十秒で九十秒。

　九十秒ないし百秒。

分にすると一分半。

　はい。

地労委ではあなた三分位と。

　それは、入って来るときからのあれですね。

今、私がお尋ねしたのは、入って来てから全部の時間です。

　大道具の入口に来て、五、六秒おりましたし、そういうことです。

今お聞きすると時間半分になる。

　その間、いく分かのずれはあるものと思います。

写真を撮っている間には、放送の方についてはどうお考えになりました。放送の方に邪魔が入ってはいかんからということで、お行きになったんでしょう。

　はい。

それですぐ扉を閉められた。

　はい。

また開いたと、そこで写真を撮ったとおっしゃるんですが、写真を撮るとすれば、相当時間がかかる。その間放送の方はどういうふうになると、お考えになっていました。

　音をたてなかったら、放送に直接影響ございませんので、なるべく音をたてないような配慮を
　私はいたしました。

あなたが配慮をされていても、組合員が外におったりするんでしょう。

放送はどうでもいいというお考えで、写真を撮ることにされたんでしょうか。

　そうです。

　私自身入りまして、音の根源を閉じるためには、ドアを閉めるべきだと誰でもそういう判断すると思いますが、私もその判断で、ドアを閉じたわけです。ところが結果は逆にその扉を開けてしまわれたと、あまりにもひどいではないかというんで、写真を撮ったわけです。

放送はどうなると、お考えになったんです、その間。

　別に考えませんでした。

あなた、放送の方が一大事だということで。

　瞬間的にそういうことをいろいろ考慮する余地というのは無いと思いますが、当然音をたてないように、放送は行なわれておるわけですからそういう配慮はしました。

放送が音はたてないように行なわれていても、外で騒いでいる騒音が邪魔になるということでとんでいかれたんでしょう。

　そうです。

扉をあけたまま写真を撮っているその間、三十秒と今あなたおっしゃいましたが、地労委ではもっと長い時間をおっしゃっていますが、今の三十秒ということをまるまるお聞きしても、三十秒間扉を開けたまゝだったら雑音が入いりますね、あなたが写真を撮っている間。

　はい。

これについてはどういうふうにお考えになりました。

これはひどいと考えて写真を撮ったわけです。

これはひどいと考えて写真を撮ったと言われますが、写真を撮って後で材料残るのはいいですが、むしろ放送の方が犠牲になりますね。

はい。

それについてはどういうふうにお考えになりました。やはり写真を撮る方が先だった。

その当時はそこまで考えて写真を撮るとか撮るのが正しいのか、扉を閉めるのが正しいのかということを判断して作業をしたんじゃありません。一旦自分が扉を閉めたものが再び開けられたと、これはひどいというんで、写真を撮ってその後閉めたわけです。閉めて初めの扉開かれたように、また開かれるかもしれませんし、とにかく、そういうことをしたわけです。

写真を撮る方に夢中になった。

その瞬間的には、そうでした。

現に、後で、ほかの人呼び集めて四人がかりで扉を閉めておられるんですが、最初の段階でなぜそういう処置はとれなかったんです。

それよりか、とりあえず自分だけ、閉められるものなら閉めようという気でした。

それで開いたと、するとほかの人を呼んできて一人でだめなら、四人がかりで閉めようというふうにはなぜなさらなかったんです。

ですから、その次の段階で、それを行なっているわけです。

しかし、放送を犠牲にしてまで、写真を撮る必要はどこにあったんでしょう。

ですからそのときには、放送を犠牲にするということは考えなかったと、先程から何べんも申し上げているわけです。瞬間的にそこまで、考え及びませんでした。これはひどいと考えて撮ったわけです。

それも一秒や二秒ならともかく、今の証言では三十秒、その間扉開けたままで。

写真をとる動作に入いりましたから、いちいちそういうことを考えている暇はないものと私は思います。

あなたが最初扉の中に入いられたときに、部屋の中にいた岸辺さん等はどうしておりました。

岸辺さんは部屋のすぐそば三、四メーター位のところにおったんですが、扉の方向いて呆然として立っていました。

扉から、大分離れてましたか。

はい。

何メートル位、離れて。

三、四メーター位と思います。

その状況としては、扉を開けたまゝ、その場でぽかんとしていた状況ではないですね、扉を開けておいて、更に三メートルほど、扉から離れて、もとの放送している中の方へもどって、そこで立っていたような状態ですな、質問の意味わかりますか。

わかりません。

今あなたの証言では、扉から三メートルほど離れて立っていたとおっしやるんでしょう。

はい。

すると扉のまわりに立っていたわけではないですね。

そうです。

だから扉を開けたまゝ、そこで立ちすくんでいたという状況ではなくして、扉を一旦開けて、ある程度扉から離れてもとの場所にもどっている状態ですね。

もとの場所というのは、誰が。

放送している場所ですね。

放送している場所にはまだ五、六メーターはございます。

ほぼ中間のところ。

中間より扉に近い方です。

それから、あなた再びその場所から、最後に総務の部屋にもどっておられますね。

はい。

そこでもテレビはご覧になってましたか、その後。

見ていませんでした。

テレビはついてましたか。

ついておったかついてなかったかも記憶しておりません。

当日Dスタジオへあなたが行かれてドアが片方開いているというのは、スタジオの何メートル手前ぐらいまで来たときにわかったんですか。

　組合員の後から、およそ二メーター位のところですね、ですから、スタジオになりますと三メーター位になりますか。

スタジオの開いている入口から、三メートル位近づいたときに開いているのがわかった。

　はい、そうです。

組合員が三列に並んでおったそうですね。

　大体ですね。

その後へまず立ったわけですね。

　そうです。

後へ立てば中の状況は見えましたか。

　人垣で見えません。

ドアが開いているということだけしかわかりませんでしたか。

　そうです。それは人間の背の高さが、一・八ないしその程度ですね、ドアそのものは五、六メーターの大きなドアですから、そのドアに立った場合、上の方の空間からライトは見えます。

　そういう状態です。

あなたが人垣の後から見ようと思っても見えないくらい、組合員が密着して並んでおったというふうに聞いていいですね。

　そうです。

かき分けて前へ出るのはすぐに出られましたか。

簡単に出られました。

別にそれを妨害するということはなかったんですね。

ありませんでした。

そのときには、中の状況は見えたんでしょうね。

ええ、見えていました。

あなたが最初に中を見たときに東さんはどうしておりましたか。

東さんは子供のおもちゃの遊び場があった、その附近に立っていらっしゃいました。

それは、実際にそのときに放送されているママ育の放送作業に、参加している人ではないんですね。

管理職で、放送を行なうための一員です。制作側の最高責任者です。

現実にマイクを持ってしゃべっているとか、あるいは機械にとりついているとか、そういうふうに、その人がいなければその放送が続けられないというふうな具体的な作業をしている人ではないですね。

しかし、最高責任者はしょっちゅうスタジオの中におりますけれども。

監督とかしているのは別にして、その場から動けない一定の仕事を持って任務を持って作業をしているという人ではないですね。

そうじゃありません。

そういう人が子供のおもちゃのところに立っていたということですか。

　おもちゃのセットがあったわけです。

岸辺さんはどうしておるようでした。

　岸辺さんは、その人から一メートル位手前に立ってドアの方を見ておりました。

ドアから何メートル位離れているんです。
　三、四メーター位と思います。
南さんはどうしてました。

　南さんはそのときには見ませんでした。

あなたが最初見たときに、目に入ったのは東、岸辺それ以外にどういう人がいました。

　ちょっと見えませんでした。

撮影はどういう場面をやっておりましたか。

　ちょっと、細かいこと覚えておりませんが、確かそのときは小児科の先生が見えてましてそれを中心に、お母さん方、番組のホステスが話をしている状態だったと思いますが。

テーブルの回りをとり囲んで対談しているようでしたか。

　そういう感じですね。

どういうマイクを使っているときのようでした。

　テーブルの上に置いてあるマイクです。

アナウンサーが手に持っているようなマイクではなかったんですか。

そこまで記憶しておりません。また見ておりません。

証人が到着してから、中へはいるまでとちょっと時間がありますね。

ええ。

そうすると、あなたが見たときには東、岸辺という他の管理者達はドアを閉めるというふうな作業は、全然してなかったんですね。

私は、そういうふうに見ました。だから、非常に腹が立ちましたけれども。

誰に。

その人達に。

それでなんか、文句言いましたか。

そんな暇はございません。何も言っておりません。

なぜドアを閉めないのかというふうなことで、あなたが岸辺に文句を言って注意をするというようなことはあったんじゃないですか。

あとからですね。

いっ頃です。

あった一日、二日あとじゃなかったかと思います。なんでドアを閉めなんだ、なぜぼやっと立っていたと、なじったことあります。

あなたが見た瞬間に、何をしているんだろうとあなたには受取られるような態度だったわけですな。

　そうです。

それからあなたはドアを八割とか八十パーセントとか言ってましたけれども、ドアをすぐ閉めようとしたということですね。

　はい。

それは検察官の尋問によると、片手にカメラを持って、片手で閉めにかかったわけですか。

　はい、そうです。

片手というのは、閉める方が右ですか。

　閉める方が右で、カメラは左手に持っておりました。

あのドアは、片手でぼーんと押すと、九十度開いているのが、ぱたんと閉まるようなドアですか。

それともちょっと力を入れて、ぐっと完全に閉まるまで手で押していかなければ閉まらないドアですか。

　反動さえつければ、ぱたんと行くこともございますけれども、あのときはぐっとつっぱりまして押しました。

どうして、八割位しか閉まらなかったんですか。

　一旦八割まで閉めまして、一旦ドアが止まってそれから押し返されたんじゃなくて、ずっと八割位しめまして、そのまま、わあっと押し返されたわけです。

そうしますと、検察官もそれはおかしいと思って聞いているわけですが、片手でずうっと押していってすぐに押し返されたら、あなたのからだがのいてしまいますね、あんな大きいドアを押していけば。

　はい。

そして、すぐ押し返されたら、自分も後に退かなければからだに当たってしまうでしょう。

　そうですね。

あなたは少し横の方にいて、ドアの端っこを持ってぐっと押して閉めたんですか。

そのときはドアの端っこをむろん持って閉めて押し返されたんで、当然そこから逃げているわけです。

計算上はそうなるというんですか、実際閉めたのはドアに向かって。

　完全にドアの裏側になってました。

裏側から押したんですか。

　ええ、端っこの裏側です。向こう側は見えませんけれども。

全然、見えない。

　はい、見えません。ドアの端っこが自分のからだのほゞ半分位にありましたから。そういう状態で閉めております。

そういう状態で片手で閉めた。

　そうです。

八割しか閉まらなかったというのは、二割はどうして閉まらなかった、どうして完全に閉まらなかった。完全に閉める以前に開けられちゃった。それはなぜかと、普通だったら、すき間は十センチか十五センチでしょう、あなたの先程の証言では。

それくらいまでですね。

ほとんど閉まっていたわけでしょう。

まあ、八割位ですね。

八割とか言われても、ちょっとわからないんですがね。片側の閉まっているドアと押していったドアとは、何センチ位、閉まったんです。

やっぱり、十五センチから二十センチ近く閉まったと思います。

それはそこまでいってすぐ押し返されたんですか。私はなぜ閉まらなかったのかというのがわからないんです。

閉めにかかったんですが、押されて開けられてしまったんです。

そんなら、あなたはおかしいなと思ってなぜ閉まらないのかということを普通見るでしょう。ものが挟まっているかもしれないし、人間が立っているのかもわからんし、なぜかという点見なかったんですか。

ええ、見なかったんです。

すっと押して閉まるか閉まらんかで、押し返されたというんですか。

そうです。

非常な勢いで押されたんですか、すうっと開いたんですか、あなたが抵抗してもかなわないぐらいの力で押されたんですか。

そうです。目分一人では押さえきれないくらいの力で押し返されたわけです。

あなたとびのいたというんですか、横へ寄ったんですか。

後横へ寄りました。

横へ寄れば、その前に立っている人達が何かやってるとか、手が出ているとか、なぜ開いたかわかったんじゃないんですか。

それは見ておりません。

じゃ、あなたは八割だけでもドアを閉めたという気持はありましたか。

閉めました。

閉めようとして閉まりかかると同時に、もう押されたということじゃないですか、あなたの言っているのは。

閉めかかって八割位閉めましたけれども、もう一ぺん押しもどされたということですわ。

そうすると、あなたが両手で力いっぱい押していたらどうだったですか、閉まっていたと思いますか、それとも。

仮定の事実においては申し上げられません。

片手で閉めただけですか。

そうです。

それでもうあなたはそのまゝ、開いてきたというんですか。それがぱっと開きましたか。すうっと開きましたか、そんな急激な勢いで返ってきたんですか。

急激な勢いで開いたように記憶しております。

それであんたとびのいたというわけですか。

そうです。とびのいたか、後か、ま横にさがったか逃げたわけですね。ドアがきますから、逃げたわけです。とにかく急激な勢いで押されてきました。

先程から、あなた組合員はドアの中へ入いらなかったとおっしゃっているでしょう。

ええ。

入ったか、入らなかったか見なくてどうしてわかるんです。

入って来てないから、この間地労委で申し上げた四十五度の線でなかろうかということです。あとから考えてみて、入ってないし、しかもドアは返ってきている、そうなってくると、あんまり四十五度というくらいに、あまり完璧に閉めるんじゃなくて半開きであれば押し返すいうのに組合員の手が届かないだろう、八割閉めたとすれば、入らないで外にいる人の手がドアにさわるだろう、そういう計算ですか。だからそういうふうに。

私は一番初め、検事調書をとられたときに八割位閉めたと書いていると思いますけれども。

それじゃなぜ、四十五度なんていう、半分なんていう証言をしたんですか。

明らかに私のミスでした。

あなたは組合員が手で押し返したということを前提にするから、ドアの中へ立ち入らないで、しかもドアを押し返せるというのは八十度位までドアがきていなければ、人間の手にさわらない、四十五度ではだめだから八十度ほど閉めた、だから近くにいた人間が押し返してきた、四十五度では手が届かない、そういうふうに計算をしているわけでしょう。

私自身は私の手によって閉めたものが、私以外の手によって開けられたことを言っているだけで、それ以外に何もありません。

そんなこと言ってしまったら話にならない。

事実を証言しているだけです。

そもそもドアが開いたということは、あなたが組合員の手で突かなければ開くはずがないということを前提にしているから、そういうことを言っているんでしょう。

自分のそれだけの経験に基づいたことを前提にしているわけです。

あんな大きなドアだから、四十五度といえば半分ですよ。距離にして一メートルも二メートルもあるでしょう。それがほとんど十センチか十五センチというのはあなた八十パーセントと言っているけれども九十八パーセントですよ。あの大きなドアが十センチか二十センチまで閉まったんならほとんど閉めましたという証言になるし、四十五度しか閉まらなかったといえば半分しか閉まらなかったということでしょう。

現実には閉めた場合、七、八センチ開いているんですよ、下の方は線がつまりまして、そうとうすき間があるわけです。

そうすると、完全に閉めても七、八センチなんでしょう。それしか閉まらないわけでしょう。

はい。

そうすると八割とかあなた言っているけれども、十四、五センチまでしかあなたの記憶では閉まらなかったとおっしやるのはそこにロープがあったから完全に閉まらなかったんじゃないんですか。

いいえ、ロープにつまって閉まらないのが七、八センチですね、このくらいの角度です。

そのときあなたが閉めて閉まらなかったのは、七、八センチじゃなくて十五センチだということですか。

とにかく八割位まで、私閉めましたけれども。

八割というのは十五センチ位ですね。

十五センチか二十センチと思います。

じゃ七、八センチとか十五センチというその差はあなたの記憶で明確なんですか。十五センチだったと言いきれるんですか。

ですから、私が申し上げているのは、十五センチから二十センチと申し上げているわけです。

いちいち測っていませんけれども。

何か、あなたは地労委では全部ドアが閉まらなかったのはそのドアの向こう側に笠置という組合員の人がいて、その人のからだにさわってしまらなかったんですというような証言をしませんでしたか。

しておりますが、それは写真を見てそういうふうに感じたと申し上げたんです。

地労委でそんな証言しましたか。

しました。写真を見て言ったということを言っております。

しかし、あなたが写真を見て判断したその写真というのはドアが閉まりかかっている写真がありますか。

　ありません。あとから見てそう感じたと申し上げたんです。

写真というのは、本件で出されている、ずらりと組合員が並んでいる写真でしょう。

　そうです。

どうして、笠置という人が閉めようとしたときにそのドアのところに、たまたま肩がさわっておったなんて写真だけでどうしてそんな推測ができたんですか。

　ですからあくまでも推測で、断定はしてません。

　そう思ったと申し上げただけで。

だけど合理的な推測でなかったら地労委で証言できないでしょう。そんなはっきりしたあの写真からどうして笠置がそこにおった、と証言できるんです。

　そう思ったという。

あなたが片手でドアを閉めようとしておったときすぐ近くにいた岸辺、その横にいた東こういう管理者はどうしてました。手伝おうとしましたか。

　しませんでした。

あなたは呼ばなかったんですか。

　呼ばなかったです。

それで、もう諦めて、あなたは写真を撮るということになるわけですか、そうですね。

はい。

横に立っている人に手伝ってもらえば、一緒に押せばドアは完全に閉まったでしように押し返されもしなかったと思うんですが、どうして、そういう試みをしようとしなかったんですかね。

弁護人はそのときの私の動作をなじっていらっしやるんですか。私はそういうことを全然考える余裕がなくて閉めたと申し上げているんで、そこで考えなかったことを申し上げているんです。

あなたは最初から写真機を持っていっているわけでしよう。

そうです。

これはやはり、労務対策の資料といいますか、トラブルのときの組合員の行動を撮影しようという目的で持っていっているわけですね。

そうです。

で、ドアを閉めようとしたが、あなたのお気持では組合がいて完全に閉まらないと、片手で閉めようと思ったけれども閉まらなかったと、そこですぐ写真を撮ろうというのは、あなたがそこで、そういう組合員達の氏名などを確認しておこうという気持が強かったからそれでドアを閉めようとしなかったんじゃないんですか。証拠を集めようという気持の方が先行してしまっているからね。

違います。

事実そうなっているじゃないですか。

そういう気持ございませんでした。

そういう気持でなくてただ無意識でカメラにとりついた。

これはひどいと思ったから、証拠に残すために写真を撮ったわけです。

これはひどいと思ったたって、一回しか押し返されていないわけでしょう。組合員が押したかどうか、顔も確認していないわけでしょう。普通だったら放送をしているし、そこで会社の管理者としてはドアを閉めるということを一生懸命やってみると思うんですが、その点あなたの気持としてはどうだったんですか。

先程から何べんも申し上げている通りです。

一ぺんやったけどだめだったから、今度はこれはひどいというんで写真を撮るという気持になった、それ以外放送のことは考えなかったということですか。

そのときは考えませんでした。

じゃあんた会社が組合側の幹部を非難するときに放送マンの常識としてと言うけれども、あなた方の方が放送マンの常識ないじゃないですか。

検察官
弁護人の質問は被告人らが、その騒音を発したことはこっちへおいといて管理者側の方を非難するとそういう態度で、非常に適切でない尋問だと考えます。

裁判長
放送マンとしてなんとかかんとかというのは議論になるからそれだけ取消してもらいましょう。

弁護人

自分のその当時のやり方について今よく考えてみればもっと適切な方法をとった方がよかったと、ドアを閉めるというふうにすればよかったと思いますか。

　今考えてみますと、あれでよかったと思います。

写真写せて処分もできたし、事件にもなったからよかったと。

　そうじゃないんです。写真を撮ったことによってこれから以後、ああいったいわゆるトラブルは起きてないわけです。

写真を撮ったことじゃなくて刑事事件になったからでしょう。

　それは知りません。私はそうは考えておりません。やはり、正常な労使間というものを早く築かなければならない以上、当然そういうことはあると思います。私は写真を撮ったことは正しいと思います。

これは先程の証言のように、大体ロープの部分はしようがないとして、それ以外全部閉ったんですな。

　そうです。

この人達を手伝ってもらっていれば、一回目の片手で閉めたときも、完全に閉まっているわけですね。

　ですから、仮定の事実については私は。

仮定の事実じゃないです。あとでそうなったんだから、前のときにもそうしていればなったことは間違いない事実でしょう。

それは私は証言できません。

どうして。

やっていないことを証言はできません。

4　東良男次長の証言（その二）

公判廷における証言抜粋

検察官

それで証人はドアのそばへ行かれてどういう行動をとられましたか。

大きなマットがありましたんでそれを持ってドアの隙間へ持って行って何か携帯スピーカーの口が見えておりましたからとにかく一番大きな音を出すその口へマットを当てがおうとしました。

そのとき単に手だけでやっておられたのかほかに何かの器具を使用されたのかそのへんはどうですか。

脚立といいますか、はしごがありましたんで

金属製ですか、木製ですか。

金属製です。

はしごですか
　呼び方知りませんが開いて上に乗れる二脚のやつです。

それは折りたたみできるようになっているんですね。

　はい。

高さはどのくらいですか。

　ぼくの背丈よりちょっと低いように思ってますが
それに、はしごみたいなものはついておるんですか。

　ええ、ついております。

ほかに使われたものは。

　それと近くに荷物運搬台の手押車も使いました。

そういうものを使って具体的にどういう動作をされたんですか。

　手ではとても持てないぐらいマットが重たいので、はしごにひっかけてもたせかけたわけです、ドアのすき間に。スピーカーが上がったり下がったりするんでとても追いつかない。それで一時手押車の上へそのはしごを乗せてちょっとやってみたんですがそれも危ないし、ひっくり返ると大きな音がしますからそれも止めて、いろいろやってみたんですが、どうもうまくいかなかったんです。

マイクが上ったり下ったりするということを言われましたが、上ったり下ったりするときにマットの方はどうされておったんですか。

　マットで上り下りを追っかけたような形ですね。

その間に、マットにほかの方から力が加わったというようなことはあったんでしょうかなかったんでしょうか。

　引っ張られたような記憶はあります。

どちら側からですか。

　ドアの外側からです。

結局どうなったんですか。

　とっても持ちこたえられないんで手を離しました。

マットはどうなりましたか。

　マットは落ちたと思います。

確実に下に落ちたかどうかということは証人が確かめられたんですか。

　いや確かめておりません。

落ちたと思うということだけですか。

　はい。

その後どうなったんですか。

　その後、後ろへさがりました。

そのときに入口の大道具部屋の方から変ったことは起こりませんでしたか。

次に見ますと多田副部長が入ってきました。

どういう格好で。

なんか飛び込んで来たという感じで組合の人の間から出てきました。

そうすると多田さんが入って来たときは大道具部屋寄りのドアは開いておったんですね。

開いておりました。

それはいつ誰が開けたかということはわからないんですか。

わかりません。

それから多田副部長は、入って来てからどうしましたか。

入って来てからぼくの記憶では振り返って写真を撮りました。

どちらの方を向いて撮ったんですか。

ドアの方を向いて。

ドアからどれくらい離れたところで撮ったんですか。

距離もはっきりとわからないんですが、僕の感じでは二メートルか三メートルであったように思います。

それであなたは多田副部長が入って来るというときからカメラで写真を撮るというまでの間じっと多田副部長の行動を見ておられたんですか。

そのへん今から思うとちょっとハッキリしないんですが、出演者の方も見てましたし、全部見ていたわけではないと思います。

そうすると特に注意して多田さんの行動を一部始終見ておられたというわけではないということですね。

　そうです。

それから多田さんが入って来て写真を撮るまでの間にドアを閉めたという人もおるんですが証人はそれは見ておられますか。

　見ておりません。

多田さんは写真を撮り終ってからどうしましたか。

　写真を撮り終ってからドアを閉めたと思います。

一人で閉めたんですか。

　いえ、そのときは僕もそばへ寄ったように思います。岸辺部長がおったと思います。

閉める前になんか合図とか言葉で閉めるとかいうふうな動作があったんですか。

　別に合図とかそういうことじゃなしに以心伝心的にあっとお互いにわかったというふうな感じだったと思います。

それで三人で閉められた時にドアは閉まりましたか。

　閉まりました。

閉まったときの状況ですが、あなたが最初音を聞いてドアのそばへ行かれたましたね。

　はい。

そのときに比較してすき間は狭ばまっておったのかあるいは同じなのかその辺はどうですか。

閉ったときは下の方でやはりケーブルを噛んでおりましたが、真ん中辺から上はちょっと歪んで閉ったように思います。

それから当日証人の方から代替番組にしましょうかどうかというふうなことを放送本部へ意向を打診したりなんかなさいませんでしたか。

誰かがしたかもわかりませんが私自身はしておりません。

弁護人

Dフロアーはロサブが使えないために、そこのところの所属しているカメラは使えなかったということですね。

はい。

そこで皆さん相談なさったらしいんだが、人形劇をやらないということはその場で決まったんですね。

その場で決まりました。

隣室のカメラを使って放送するということもその場で決まったんですね。

はい。

カメラは三台本来使うべきなんだけれどもこの際一台で行こうということもその場で決まったんですね。

はい。

そういう臨機の処置はやはりその場におった管理職の人達の間で話し合って決定できたんですね。

そうです。

音声が外から聞こえてきたときに、外部から入って来る音声がドアの隙間から入ってきているんだということはすぐにわかりましたか。

わかります。

比較的近い場所におられたんですか。

はいってきたときはセットの陰におったんですが。

どれくらい離れてました。

これもはっきりわかりませんが、五、六メートル位だと思います。それ以上あったかもわかりませんがはっきり、
そこで音を防ごうとされたんですな。

はい。

その際に岸辺部長とか南副部長というのはその付近におられた、この人達もやはり音を防ごうとされたんですか。

そうです。

四、Dスタジオの扉は誰が何のために開けたのか

マットを持ち出してドアの隙間に当てようというんですが、このマットは大層重いものだと言われましたね。

　はい。

大きさはどれくらいなんですか。

　それもはっきり、相当大きいような印象です。

長い方の長さはどれくらいですか。

　畳一畳もなかったかもしれませんが、そういう印象が残っております。

幅はどれくらいですか。

　畳の幅ぐらいじゃなかったかと思います。

一畳分位ですね。

　はい。

厚さはどれくらいですか。

　厚さも手に触れた感じでは、かなりごつっとした、泥々になってましたが。

ぐにゃぐにゃになるんですか、かちっと裏打ちして堅いんですか。

　堅いんですが相当ふんずけられてドロドロになって真っ黒です。

そのマットを隙間に当てようとなさったんですね。

　はい。

その際ドアはどのくらいの隙間が空いてました。

それは先程言いましたように僕の印象では五センチ位あいていたんじゃないかと。

隙間から外部の状況はよく見えましたか。

一瞬見えました。

あなたとしてはマットを隙間に当てるのに外部から音が一番大きく出ているところを狙ってマットで押さえにかかったんですな。

そうです。

外で携帯マイクが上がったり下がったりすると言うんですが、それはどういうことですか。

ドアの隙間が縦にあります。で、あるところへマットを当てますとしゅっと上へ出たり下へおりたりスピーカーの口がしたと思います。

音がマットを押さえている部分よりも上の方が強く入ってくるとか下の方が強く入ってくるということなんじゃないんですか。

そういうことですね。ということはここへ上げようとしたらすっと上へ出るから、こう動いてましたから。

スピーカーそのものが見えるんですか。

スピーカーそのものが移動していたという記憶があります。

あなた見たんですか。

いや、それがよく見なかったですが、何かここへ持っていくとああと出たという感じがあります。

上から大きな音がくる、下から大きな音が来るということは感じでわかるんですか。スピーカーを見たんですか、上へ行ったり下へ行ったり。

これも印象的なんですが、スピーカーの口が一瞬見えたような気もしております。

それで脚立と運搬台を使ってかなり高いところまで上がろうとされたようですね。

はい。

ドアの高さはどれくらいあるんですか。

相当高いですね。

四メートル位。

四メーターですか、ここで言いますとあそこの装飾の真ん中辺くらいまで、もうちょっと高いですか。

脚立を使ってというのはドアの上の方から提げようとなったんですか。

いずれにせよ隙間全体を塞ぎたいと、相当長いですから。で、スピーカー動くし追いかけっこみたいな感じになったと思います。

あなた自身がマットを押さえたりされておったんですか。

ぼくと岸辺部長、南君もやったかもしれませんが。

いや、あなたかなり背が高いようですので、

ぼくより上になります。そういう印象です。で、あとでどうやってあげたのかなと思っていまだによくわかりません。

脚立を使って上まで上がったんだけれども、ドアの上にはマットをひっかけるようなところがなくてそれはだめだということになったんじゃないんですか。

ええ。

だから畳一畳位の長さのマットを四メートルあるいは三メートルか知りませんが相当高いところへぶら下げても下の方はすきますね。

ええ、その時はとにかくちょっとでもと思ったんでいろいろやっただけの話で、手で押さえているよりはぶら下げておいてあるいは脚立で支えておいたらそれでいいとあなたお考えになったんですね。

ええ、そういうこと自体後で考えたら、狼狽しておったということですか。

ええ、

それで脚立を運搬車の上に上げてそういう作業をなさったようですが、それを止められましたね。

はい。

それは結局どういうことで止められたんですか。

第一にはしごの上に一時乗っていたことがあるんですが、これは非常に危ないです。金属製のはしごですから倒れたらものすごい音がするんです。これはもう益々いかんということでこっちへのけたんです。

特に運搬車ですが、あれは足の方へ車がついているんですね。

はい。

だから比較的横としか縦には動かしやすくなっているんですな。

オール・ディレクションです。

そういうものの上に上がって
だからあれは愚劣であったと後で、
そのときに危険を感じたというのはよくわかるんですが、ひっくり返るとか岸辺さんか誰かが相談されて危険だからということで止められたといういきさつはないんですか。

いや、それもそう当時の行動全部そうなんですが、いちいち相談してこうということじゃなしに何か目で合図したんかもしれません。

岸辺さんがドアを開けてきたら危ないから止めとこうというような意見出なかったですか。

それは言ったかも知れません。

記憶してませんか。

はい。

特にドアに押されて脚立が揺れ動いたということありますか。

そういう記憶はありません。

それからあなたがそういうことで脚立や運搬車を片付けてセットの裏側の方へもどられたとお聞きしたんですが、そのときはこんなことをやっても愚劣だとかいうことで諦められてもどられたんですか。

　そのときは愚劣だとか利口だとかそういう判断の余裕はなかったですが、諦めておったことは事実です。

それであなたその次に気がついたときはもうドアが開いておったようですね。

　はい。

あなたの印象としてドアを組合員が押し開けたというような印象がありましたか。

　印象というよりあ、押し開けられたんだなと思いました。

あなたが以前に検察庁へ行って話されたと思うんですが、その際には組合員が押し開けたというふうに述べておられるんですが、それも確たる根拠があったわけじゃないんですね。

　だからそのときも前に検事に話した時もあまり細かくも聞かれなかったんで、開けたと思うんですがというふうな今言っているようなことを言ったと思います。

そのドアが岸辺部長の手によって開けられたということは現在聞いておられますか。

　それは聞きました。

あなたとしてはドアが開く場面は当時見てなかったんですね。

　はい。おそらく出演者の方を見ていた間じゃないかと思います。

そこであなたが見られたときに多田さんが人をかき分けて転がり込んで入ってきたとおっしゃるわけですね。

　はい。

ドアが開いていたというのはあなたとしては予期していたんですか。それともえらいことになったということですか。

驚いたことは事実です。

多田さんが入って来て振り向いて写真を撮っておられるのは見たんですね。

写真を撮るところは覚えております。

その写真を撮ってからあなた方がみんなと一緒に扉を閉めるまでの間、時間にしてどのくらいの感じでした。

これも時間に翻訳するのはつらいんですが。

非常に短い。

ええ、短い時間だったと思います。

先程検察官のお尋ねで、あなたが最初にドアが開いていると気が付いて多田副部長が入ってくると気が付いてからドアを閉めるまでの間ドアの方ばかりを見ていたわけじゃないという証言がありましたな。

はい。

その間に多田さんの手によってドアが閉められたという現場を見ておりませんか。

それは見ていないです。

その頃にあなた他所のほうを向いて何か見ておったという記憶がありますか。

ですから僕の印象に一番よく残っているのは秀島君が非常にうわずってアナウンスをしている

のと子供の変な顔ですね。

それはドアが開いている最中のことですか。

最中もあると思います。ひとところ、
どういう時点かあなたはっきり覚えておりますか。

時点ははっきりしません。とにかく多田君が入って来る前にこちらへ帰っていろいろ目を移してましたから。

あなたは多田さんが入って来たのをご覧になりましたか、入って来た瞬間。

入って来た瞬間は見たように思います。

そのとき扉開いていたわけですね。

ええ、開いてました。

多田さんが開けたんじゃなくて開いたところへ入ってきた。

ええ、開いたところへ入って来たような。

多田さんが入って来たときは扉開いていたわけですが、その時あなたの方としては放送の関係で扉が開いていることについて何もお思いにならなかったですか。

こりゃえらい大きく、こりゃ大変だと思いました。

で、多田さんが入って来たあと写真を撮ろうとしたそうですが、あなたの方としては、そんなこと

をせずに早く扉を閉めんか、そういうことは、
　一瞬そう思ったんですが、こっちがショックを受けたと同時にタレントが気になりましてタレントがどう思っているかタレントを見てそれから閉める意思があったんだと思います。ほとんど無意識的にドアの方へ近づいたら多田君がなんか写真撮ったと、そういうことだったと思いますが。

ドアの方へ近づいたときは多田さんが写真を撮った後、その辺が進行形であったと思います。

撮りつつあったということ。

　ええ、長い時間ではありませんし。

多田さんが入って来る前に、扉が開いていたということなんですが、あなたは誰が開けたかご覧になってないということでしたね。

　はい。

多田さんが入ってきたので初めて扉の方をご覧になったところ開いていた、こういうことなんですか。

　いえ、違います。もうほとんど瞬間的なことなんですが、ドアの方を見た、あ、開いていた、多田入って来たということですね。

で、多田さんが写真を撮った後で皆で扉を閉めたということでしたね。

　はい。

これは皆で押されたわけですか。

ええ、みんなで押したと思います。

すると外にいる組合員の姿も見えましたね。

はい。

組合員はどうしてました、扉を向こうから押したり、そういうことをしてましたか。

そのときはこれもはっきり覚えてないんですが、あまり動作なされたような記憶はありません。

結局扉はどういう形で閉まりました。

下の方でケーブルを噛んだまゝで、やゝゆがんで上の方は閉じたように思っています。

この扉は厚さはどのくらいあります。

さあ寸法は。

大体の見当で結構ですよ、相当ごつい扉ですね。

相当大きいですが、案外薄いですね。

相当ごついが薄いというのは。

ごついというのは面積が大きいと、厚みがそうなかったんじゃないかと思います。

具体的にどのくらいの厚みが。

さあ、よくわかりませんが五、六センチじゃなかったかと思います。

そんな薄いものじゃないと言えますね、これは金属製のものですね。

はい。

高さが相当高い。

　はい。

人間の背の倍ぐらいですか。

　倍もないんじゃないかと思いますが、これも今ちょっとわかりません。

下の方がコードを噛んで上は閉ったということですね。これはそういう形で閉ったりする扉ですか。

確かにそんな閉まり方しましたか、上の方。

　いえ、これも私そばへ寄って上から下まで確認したわけじゃないんではっきり言えないんですが、閉ったと言いましても本当のさらの時に閉まったような状態ではなかったと思います。

もちろん、下コード噛んでますが、上の方は全部閉まった。

　閉ったように見えましたけれども。

誰かまた運搬車でも出してきて上も押した人がおるんですか。

　そんな記憶はありません。

この扉、みんな下の方を押しているわけでしょう。随分高い扉だからどちらかというと下の方ですな、まん中より上は押してませんな。

　そりゃそうです。

上の方だけ閉ったというのは納得できないんですが。

　密閉されたかどうか別ですが我々のあれからぼくは閉ったなと思いました。閉ったけれども構造通り密着したかどうかそこまで私はわかりません。

要するに堅いことは言えんわけですな。

　構造的な問題になるとそう言えるでしょうね。

当時芦田次長は先程何回も言うているような形で放送を強行するのは相当冒険だという意見を持っていたようですが。

　それは出たかもしれません。

で、いっそのこと代替番組で行こうかという意見を聞いたことありませんか。

　そういろんな議論が長い時間をかけないで緊急の際ですからちゃかちゃかといろんな議論は出たと思います。

その際には次長さん達じゃなしに現場におる部長さんとか課長さんとかそういう人もいろんな意見を出すんですか。

　それは当然だしていると思います。

その場でいろいろワイワイ言ってそういう形になるんですね。

　はい、そういう形になると思います。

実はその点岸辺さんという方が証言されて芦田次長はあまり積極的な意志は持っておられなくて代替番組でしょうという意見だったけれども自分達はあくまでやろうということでそういうことになったということを聞いているんですがそうですか。

　そうだと思いますが私は片岡さんの方へ行っておったんで一部始終は聞いてないんです。

先程のドアを開けたのが組合員達の手で開けられたんじゃないかと思うというあなたの供述があるようなんですが、この五月六日のことがあってから後、事件当日組合員がドアを押し開けたんだというふうなことが会社内の一般の人の意見だったんでしょうか、あなたのお聞きになっている範囲でどういうふうな。

それはいろいろあったと思います。そういう人もあるし、ちょっとそこまで考えられんでということもありますし、実状としていろいろあります。

当時社内では管理職の人なんかが当時の自分の経験をこうだったこうだったという意見の交換はあったんですか。

実はここまで言っていいか悪いか知りませんが、あまり我々としても触れたくない愉快でないことなんでなるべくそういう話は意識的にか無意識的にかあまり触れたがらないですね。ただ雑談でしんどかったなという話は出ます。ほとんど出ないです。

岸辺さんが検察庁へ行かれて実は自分が開けたんだと思うということを言われたんですが、そういうことをお知りになったのはかなり後のことですか。

ええ、あとで誰に聞いたか忘れましたが、組合が書いたやつで見たことあります。

岸辺さん自身からそういうふうなことはお聞きになりませんでしたか。

聞いておりません。

それからママ育日記の本番に入ってから雑音が入るまでの間何分位してからですか。

間もなく始まったと思います。

本番が始まってから間もなくというのはどれくらいの間隔。

一時ですから一時何秒かには入ったと思います。はっきり計ってないんですが。

がらっと開け放っぱなしたときはあまり大きくなかったんですか。

一瞬音が止んだような気がしますし、また始まってわあっという拍手が入ったように思います。

これはちょっと記憶が定かでないので。

それから先程組合員達がやってくると予測できなかったとおっしゃるんですが、Cスタからカメラを Dスタへ運びこむとき、あんまり最初からCスタからカメラをDスタへ入れますとCサブを占拠されたりCスタの入口にピケをはられるというので何かそのことについて配慮する必要があるという意見があったんじゃないですか。

それは私関与しておりませんから、そういう配慮はありえます。

何か開始時間寸前にCスタからDスタへカメラを入れた、それまで若干の余裕はあったけれども前からカメラを出すとそちらを使うということが判って組合員が来るかもしれないというような話を聞いておるんですが。

あったかもしれません。

5　内田安雄課長の証言

検察調書抜粋

音が静かになってから大分して再び騒音が始まり組合員らが再び来た事が判りましたので私は脚立の先に絨毯をくっ付けて扉の隙間に押し当てたりしましたがこれは何の役にも立たずほんの気慰めでした。

6　組合員長岡孟の証言（その二）

公判廷における証言抜粋

弁護人
その頃Dスタの中に撮影のカメラこれが持ち込まれていたことありますか。
　はい、あります。
それは放送に入るどれぐらい前でしょうか。
　五分ぐらい前だと思います。
一時に放送始まりましたね。

はい。

これはＤサブにおれば当然わかりますね。

はい。モニターがありますから・・・・。

まずコマーシャルがあって、それから本番という順序になるわけでしょうが、あなたそこにおられてママ育の番組の中で騒音が入ったという、ご記憶ありますか。

はい。あります。

最初はどの程度の騒音だったでしょうか。

コマーシャルが終って初めはかなり小さな騒音でした。

内容はわかりますか。

騒音というのはわかるけど、内容は明瞭に聞きとれるというものではなかったと思います。

人の話し声であるか、それとも何か機械の音であるか歌であるか、そういう騒音の種類はわかりましたか。

はい。人の話し声というのはわかりました。歌のようなものもありました。

騒音が入ってから下のＤスタ内部での状況はどういう状況だったでしょうか。あなた当然ご覧になりましたね。

はい。見ました。

なぜ騒音が入ったんだろうということでご覧になったんですか。

はい、そうです。大道具のドアーのところを見ました。そしたら南さんがなんかマットのようなものをドアーの隙間にいれておりました。

南さん。

ええ、そうです。もう一名覚えておりませんが棒か何かでもってそのマットを上へあげているようでした。

ドアーのところ、ご覧になったということですがＤサブから見てドアーに隙間は開いておりましたか。

そのマットを当てているのを見て隙間が開いているんだなということがわかったわけです。

目では見えなかったでしょうか。

目では隙間というのはそんなに見えなかったです。

真正面からじゃないんで隙間までは、横から見るから見えない、こういうことになるんですか。

隙間の大きさによると思います。その程度なら見えなかったです。

管理職の南さんが隙間と思われるところにマットを当てたり、
はい。それと荷車をドアに押し当てていました。運搬車というんですか。

それ以外に何か変った状況はなかったでしょうか。

スタジオ中でですか。

はい。ほかに何かご記憶になっているようなことは別にありませんか。

スタジオで見たんはそういう状況でした。勿論マットなんかも途中で落ちてきたようです。重いから途中でずり落ちてきたような感じでした。

ずり落ちてきたというのは先程長いもので・・・

なにかで支えて持っていたんです。

重いのでそれが落ちてきたようですね。

はい。

そのほかに扉のところで何か変ったことはありませんでしたか。

押してる内に扉が少し開いてきて多田副部長が割って入ってきました。

それは放送が始まってから何分ぐらいした時のことでしょうか。

三分ぐらい・・・。

放送といいますと、
コマーシャルも含めて三、四分ぐらいだと思います。

それは突然扉があいて多田副部長が入ってきたんですか、中から誰か開けた人があるんでしょうか。

いえ、中の人は開けまいとしていたようで多田さんが自分で強引に割り込んで入ってきたような感じでした。

その時、扉は大きく開きましたか。

人間が入れる程度に開きました。

そこから多田さんが入ってきた。

はい。

四、Dスタジオの扉は誰が何のために開けたのか

で入ってきた多田さんは、中でどういうことをしたんでしょうか。

　そのあと、なんかちょっと時間あってカメラを構えました。

入ってきた時、開けた扉は。

　一度閉まりました。

それは誰が閉めました。

　それは岸辺さんだと思います。

それで多田さんは中へ入って、
　中へ入ってなんか指図したようにカメラを構えました、自分で・・・・。そしてそのカメラ構えると同時にドアが岸辺さんによって開けられました。

多田さんが写す構えをした時ですか。

　はい、そうです。

それは最初多田さんが扉を割って入ってきた時からいえばどのぐらい経ってからでしょうか。もう一度扉が開いたのはどのぐらい経ってからですか。

　一分以内ぐらいだと思います。

多田さんは扉からどのぐらい離れたところでカメラを撮るポーズをしておりました。

　三メーターぐらいだったです。

中ですね。

　はい。

三メーターぐらい中ですね。

　はい。

扉はどの程度開きました。

　その時に殆んど全部開いたようでした。

全開ですか。

　ええ、片方の扉ですが・・・

あなた、そういう状況ご覧になっていて放送の方はお聞きになっていたでしょうか。

　はい。聞いていました。

で、扉が大きく開いたときに放送に何か変化はありましたか。

　当然その時声が大きく放送に入ってきました。

どういう音であるかということ、よくわかりましたか。

　はい。シュプレヒコールなんかです。

扉が最初一部開いていたようですが、その時と岸辺さんが大きく引き開けた時とで音量の変化の差ですね、これはどの程度、口に出して表現しにくいかとも思いますけど、どの程度違いました。

　初めの閉まっている状態というんですか、隙間少し開いていたようですが、その時は対談者の声が聞き取り難いものではない程度でした。しかし扉が開けられた時には、かなり外の音が大きく入ってやはり聞きづらい音になったようです。

ぱっと突然大きくなった、こういう状況ですか。

　そうです。

それで、多田さんは写真撮りましたね。

　はい。

写真撮ってから彼はどうしておりました。

　シャッターきってから写真写っているか確認していましたのでポラロイドカメラだなというこ
とわかりました。撮ったあと出して見ていましたので・・・

それは扉を開けたまゝですか。

　そうです。

で、今度扉が閉じられるまでにはどれぐらいの間隔がありましたか。
　二、三分あったようです。
二、三分開けられたまゝで、
　はい。

その間多田さんが写真の確認をしたりしていた。

　はい、そうです。

もう一度撮る、ということはなかったんですね。

　はい。

今度は誰が閉めました。

　岸辺さんが閉めたようです。

閉めてから、今度音はどうなりましたか。

殆どやみました。外のシュプレヒコールはやめたのか全然聞こえなくなりました。閉めて暫くしてやめたようで・・・

その後に又聞こえたことありますか。

放送が終る十分ぐらい前ですかに、又少し騒音が入りました。

多田さんが写真を撮ったということですが、あなた方が見ていた状況で多田さんが入ってきてすぐカメラを構えるポーズをとられたんでしょうか。なにか打合せみたいなことがその場であったんでしょうか。

なにかあったようです。二言三言。

誰と誰がそういうふうな話をしていたんですか。

扉の付近にいた管理職の人です。だから岸辺さんなんかだと思います。

岸辺さんと多田さんがそういうふうな話をした上で写真を撮るというふうなポーズになった、こういうことですか。

はい。

検察官

Dスタジオの大道具部屋側の扉が開いた状況について、外のほうから多田さんが無理に開いたんだろう、こういう証言をされたんですがそれは推測ですか。

　自分で肩で押したような格好で入ってきたようですから・・・。

ドアを開いたのはあなたのほうから見えますか。

　ドアが開かれるのは見えます。

誰が開いたか見えますか。

　入ってきた人を見て、多田さんが自分でゴソゴソと入ってきたからわかりました。

そうしますと多田さんがドアが開かれたところからすべるようにして中に入ったのは事実なんでしょうが、しかしドアが内ら側に開かれたのは誰が力を加えて開いたのか、というのはわからないんじゃないでしょうか。

　見た感じで自分でドアに押し当てそういうふうに見えました。

そうしますと多田さんが入ってくる時、内側からは誰が押していたんですか。

　岸辺さんとか南さん、もう一人誰かいたと思いますが。

三人程で押していたと言うんですか。

　押していたかどうかわからないんですが、そこにいたんです、取手のところに・・・

もう一度多田さんが入ってきた時の状態を詳しく証言してくれませんか。どういう動作をして入ってきたのか。

　自分で体で押し開いて入ってきたような・・・

体でというのは肩を左右に振って

はい。

半身になって入ってきたの。

そうです。

そうすると肩から先に入ってきたということですね。

そうです。

そしてその時に開かれたドアの幅は人の体が半身になって通る程度の幅だったんですか。

そうです。

そうしますと内ら側から誰か押さえていたんですね。

それはちょっとわかりません。押えていたかそこに立っていたかどうかは・・・

先程の証言では南さんがマットのようなものをドアの隙間に当てていた、というようなことを言っておりましたが、このマットはその後どうなったんでしょうか。

下へ落ちてからは見ておりません。

下に落ちたというのは棒で支えているのが支えがなくなった為に下に落ちたんですか。

そうじゃなく、あまり重いので長いこと持っているのがえらいんで落ちてきたようです。

外から引っ張られたというのは見ておりませんか。

はい。見ておりません。

多田さんがスタジオの中に入ってから一旦ドアは閉められたと言いましたが、閉めたのは誰なのですか。

四、Dスタジオの扉は誰が何のために開けたのか

岸辺さんです。

一人で閉めたんですか。

いえ、ほかにも覚えてない人がいてましたけど、管理職の人が・・・

もう一度開けた時は、それは岸辺さんが開けたというんですか。

はい。僕が見ていたんは岸辺さんが開けているのを見ました。

一人で開けておりましたか。

一人のようでした。

7　組合員渡瀬隆史の証言（その二）

検察調書要約

その頃カメコンには一台だけ電気が入っておりましたが、画が何も映っておらず、小西さんはインカムでフロアーを呼んでおりましが、何も応答がありませんでした。すると組合員の誰かが、

そのカメコンは働いていない。Cサブに廻したから、そこは必要ない。

と小西さんに言っておりました。そして同じ人の声だったと思いますが、みてみ、Cスタもピケを張れと言ったのに、張らないからこうなるんや、とぼやくように言っておりました。これは多分事情のよく判ったDサブのスタッフではないかと思います。

私はCサブに廻したという意味がどういうことか、この時にはまだ判りませんでした。

一時の時報がなりました。放送が始まったなと思いました。私はモニタを見ておりました。放送開始と同時に、音声卓で山崎さんが音声のマイクを開けました。すると途端に組合員の歌う労働歌が入ってきており、スタジオでアナウンサーの喋る声も入ってきました。その前にコマーシャルが入っている筈だと思いますが、私はモニタに気を取られ気がつかなかったのか記憶に残っておりません。

私が見ていたモニタはアナウンサーと出場者のセットぐらいしか映らなかったので、面白くないなと思いながら副調整室の時計を見たとき一時を五分位まわっておりました。その頃、Dサブに居た組合員が廊下側の出入り口から外へ走り出しました。その段階ではDサブに居ても仕方ありません。そこで私もその人達について一緒に走っていきました。

急に扉のそばに居た組合員が後ろに下がり、前に五、六人が残ったので、私が先頭に出て行き、十センチ足らず開いていた扉の隙間から中を覗いてみました。それと殆ど同時に、北側のドアーが、さっと内側に引き開けられました。それは岸辺部長が内側から引っ張り開けたものであり、引っ張っている岸辺部長の姿を私の目で見ました。扉のすぐ内側には、岸辺部長と南副部長の二人が居ただけであり、南さんは絨毯を持って立っておりました。

・・・・

物凄い勢いで内側から扉を押して来ましたが、鈍い音がして扉が完全に閉まらたなかったので、下を見るとカメラのケーブルが外からスタジオ内へ通じているのに気がつきました、その時中闘の茨木宏がこんな閉め方をするとケーブルがいたむと言っており、私はそのカメラケーブルを見た時、初めて何処からかカメラを引っ張ってきているということがわかりました。

会社がロックアウトを解除した五月二十五日、管理職と組合員が話し合いを行い、「ママ育」放送の問題についても若干話題になったので、そのことについてお話しします。

午後零時頃から制作局の部屋の東制作局次長の机の付近で、管理職は、東次長、南美術部副部長、横河さん、ほか一名の計四人、組合員は中闘の中田、同じく中闘の茨木宏その他私を含め四十人ぐらいが集まりました。

組合員は技術制作部員、テレビ制作部の人も少し混じっておりました。制作局の管理職を皆んな集めて話し合いしようと言ったのですが、作業のため現場へ出ている人が多く、残っていた管理職がまずおるものだけとの間で話し合いを開いたのですが、テーマは春闘に対するお互いの反省でありました。

その席で、「ママ育」放送のことに関しては、東次長から、「ママ育」のようにドアーを押しあけてコーラスを入れたり、ああいうやり方は組合員としても反省して欲しいという意味の発言がありましたので、それに対し私が総務局長名の会社声明にもそういうことが書いてあったし、今東さんが、ドアを組合員が押し開いたと言っているが、私ははっきり、そのときの状態をこの目で見ました。

確か管理職の人が開けました。そう言っても東さんは信用しないだろうから扉を開けた管理職と一緒にドアの内側におられた南さんが知っていらっしゃると思いますので南さんの口から説明してもらいましょうと言いました。

私ははっきり岸辺部長の名前を出そうかと思いましたが、次長もおることだし、岸辺部長の顔もあると思って遠慮しました。しかしあの現場には南さんと岸辺部長しかいなかったので、それを知っている人には言わなくても岸辺部長だということが分かるはずです。もちろん南さんが知らない訳はありません。すると南さんはちょっと待ってくれと言い、何か古い諺を引用して、お互いに信念をもって行動しようというようなポイントをぼかした話をした後、自分も立場もあるから話すべき時期が来たら話す、必ずそういう時期は来るだろうから、今言うのはかんにしてくれと言っておりました。これを聞いて組合員たちは卑怯や今話をしてくださいと言いましたが南さんはそれ以上答えず、話題はほかの問題に移りました。


その後、現場に出ていた他の管理職が戻ってきた午後二時頃から再び組合員は前と同じ人たちが集まり、管理職は芦田制作局次長、岸辺部長、山崎副部長、兼山副部長、中北課長、戸浦課長、内田課長、小西課長らが、制作局の岸辺部長の机のまわりに集まって話し合いを持ちました。

その話し合いの途中で、岸辺部長は、「ママ育」放送のことに触れ、警官導入問題も遺憾に思うが、例えばママ育の時にドアが開いた、ああいう状態ではコーラスを止めてくれるものと思っていたが、君らは歌をやめてくれなかった。やっぱり放送マンとしては止めるべきでなかったか、自分もこれを期待していたという意味のことを言いました。「ママ育」放送のことについてはそれ以上誰も何も言いませんでした。私はこの席でも岸辺部長が開けたと言いたかったのですが、次長もおることだし、言いませんでした。

南さんや岸辺さんは私は性格的にもよく知っておりますが、一本気の、悪い事は悪いとはっきり言う人です。もしドアーを組合員が開けたのであれば二人ともそれを皆んなの前ではっきり言うはずです。

それが二人とも、言葉を濁すようなことを言って、はっきり言いませんでした。

ドアーを岸辺部長が引っ張って開いたのは、私の目で、はっきり見たので間違いありません。

大道具室の方で歌う労働歌のコーラスがDサブにいる私に聞こえたのは、ママ育放送がオンエアーに入る前のことでした。

8　組合員茨木宏（検察側証人）の証言

公判廷の証言抜粋

検察官

ピケを張ったところはどことどこですか。

副調のスタジオ側へのドア二カ所、音声卓、スイッチャー卓、ＣＣＵ卓、それの回りです。

副調と言われているのはDサブの事ですか。

　そうです。

大体何名位でそういうピケを張られたんですか。

　最終的な人間の数は三十名から四十名だったと思いますけれども。

最終的に三、四十人くらいになったというそのピケを張り終った頃は大体何時頃になっておったか記憶ありますか。

　十二時を十分か十五分過ぎていた頃だと思います。

それからピケを張り終ってから証人はどうしました。

　かなりの時間ピケを張ってました。それからかなりピケを張ってましたので管理職の方はDサブの機械を使えないと判断するだろうということで別の方法を考えるだろうと、別のスタジオから放送するかもわからないという心配がありましたのでCサブの方へどういう状態かということを確認に行きました。

あなたがですか。

　はい。

Dサブは二階にありますね。

　はい。

それから下へ降りるわけですね。

いえ、ぼくはまずCサブへ行きましたが閉まってました。それから下へおりたわけですね、Cスタへ。

下へ降りてどこかへ行かれたんですか。

Cスタジオの中まで少し入りました。

そのスタジオに入られたときに何か変ったことございましたか。

心配していた通りCのカメラコンセントのところで何か接続の作業を管理職の人がやっているようでした。

ということはどういうことになるんですか。

Cスタジオからカメラケーブルを引張って放送をやろうという意思だと思います。

Cスタジオからカメラケーブルを引張るというのはDスタジオに引張るということですか。

そうです。

それで証人はどうされました。

Dサブへ戻りました。

Dサブへ帰ってどういうことをされたなんですか。

Dサブにいた組合員もその時間にはCスタから引張っている作業を見ているんだと思います。それでこういう不完全な状態で放送を強行しようとする会社側に対して抗議しようといういろんな意見が出たと思います。

こういう不完全な形で放送するというふうに言われましたが具体的にはどういう点が不完全になる

んですか。

通常カメラ三台使いまして切り替えて番組を作っていくわけですが、見たところ一台しかカメラを引っ張っていないということですね。同時にマイクも何本も使うはずですけれども、一本のマイクでやろうとしているんじゃないかと、そういうことです。

そういう話がDサブで出たということですか。

はい。

で、抗議しようじゃないかという話があったということですが、どういう形で抗議しようという具体的な抗議のあり方について話は出てなかったですか。

出ました。

どういうことで。

大体僕らの団結の力を示すのには労働歌とかシュプレヒコールなどいろいろありますのでそういう具体的な方法、それをやろうということですね。

場所はどこでやろうという話が出てましたか。

当面ケーブルを引っ張り込もうとしている大道具側の入口でやろうということだと思いますけれども、Dサブでそういう具体的な場所が出たかどうかぼくは記憶ありません。

今言われた場所はあなた自身の認識ですか、あなた自身がそういうふうに考えておられたということですか。

いや、結果としてあそこへ行ったということで抗議をやろうというあれは出ましたがDサブの組合員の中から具体的にある場所でやろうという意見が出たという記憶はないです。

どこでやろうという場所の話までは出てなかったということですか。

そうです。

抗議のためにシュプレヒコールや労働歌を歌おうという話はあったということですか。

そうです。

そうしますとシュプレヒコールや労働歌を歌えば会社側として放送をやめるというお考えだったんですか。証人としては。

そうですね。

念のためにもう一度お尋ねするんですが、記憶を喚起してほしいんですが、そのDサブで話が出たときに抗議のためにDスタの大道具室前の入口で労働歌やシュプレヒコールやろうという話が出ておったんじゃないですか。

そのへんはちょっとはっきり覚えてません。

それからそのあと証人はどうされました。

その副調で出た組合員の意見ないしその現場の状況、大道具側の状況を伝えに行きました。

どこへ伝えに行ったんですか。

中継車の前の組合員のところです。

あなた当時闘争委員の一人ですか。

はい。

あなたの判断で決めるわけにはいかなかったんですか。

　そうですね、Ｄサブで出た意見をそのまゝ行動に移すということは自分の判断で出来ませんでした。

そうしますともっと上の人ですね。

　一応中闘何名か集まって相談した形で実際に行動しようということだったんです。

それであなたは中継車の所へ行かれたということですね。

はい。

Ｄサブからその中継車の所へ行かれたのは証人一人だけ行かれたんですか。

　ぼく一人だったと思います。

他の中闘の委員などで一緒に行った人はなかったですか。

　行ったかどうか記憶ありません。

中継車の所へ行かれた時に中継車の前では組合員達がどういうことをしておりましたか。

　中闘の報告集会みたいなものをやっているようでした。

中闘の報告集会。

　はい、報告集会というんですか、何か中闘のほうから組合員に対してしゃべっている状況でした。

誰がしゃべっておったんですか。

五木副委員長だったと思います。

あなたはそこへ行ってからどうされたんですか。

Dサブで出た意見とDスタジオの大道具側の状況を説明しました。

あなたが行かれたときにはもうそういう報告集会は終っておったんですか。

いや、はっきり覚えてません。続いているようでした。

その途中からあなたがそういう状況を報告されたんですか。

多分途中だったと覚えてます。

誰に報告されたんですか。

その場にいたほかの中闘と五木副委員長ですね。

五木さんを除いてほかの中闘というのは何人くらいおったんですか。

四、五名いたと思います。

その四、五人いた中で名前の記憶のある人ございますか。

ありますす。

だれですか。

木口一康執行委員。

そうしますと図面で書かれた五木さんの位置の回りの点線で囲まれたあたりに中闘四、五人集まって話をしたということになるわけですか。

そうです。

そこで証人は五木副委員長や四、五人の中闘の人に対してDサブで出た話をどういうふうに具体的に伝えられたんですか。

具体的にはっきりその言葉まで覚えてませんけれども、カメラ三台を使わずにCスタから一台カメラケーブルを引っ張ってやろうとするということ、そのために大道具の扉が閉まらないということ、それに対して抗議しようという意見が出たこと、それを具体的にどうしたらいいかという相談ですね。

で、抗議しようという話が出たと言われましたね。

はい。

その抗議の方法についても具体的にこういう話が出ておるんだということで報告されましたか。

具体的にそういう方法でやろうということを僕は言ったかどうかちょっと記憶ありません。

労働歌やシュプレヒコールをやって抗議しようという話があったんだという点について説明なり報告なりされましたか。

そういう言い方かどうかわかりませんが僕としては歌を歌ったりシュプレヒコールをやったらどうかという意見をはいたかもわかりません。

その場でですか。

はい。

その場におった人達、五木副委員長や中闘の人たちの意見はどうだったんですか。

　結果として抗議をやろうという結論になったと思います。

そういう抗議はやめておこうという消極意見はなかったんですか。

　そういう意見は記憶ありません。

誰か最終的に決定を下した人でもあるんですか。

　最終的というのか何か中闘のグループの中でぼくは五木副委員長が結論を下したように思います。

やろうということの結論を下したと思うということですか。

　はい、そうです。

それでどこでどういう方法でやるということについて話は出たんですか。

　多分出たと思います。

どういう話が出たように思いますか。

　先程言いました僕らの抗議の方法をシュプレヒコールなり労働歌などを。

やろうという結論が出た。

　はい。

場所はどこでやるという結論になったんですか。

　大道具室の入口ですね。

大道具室の入口と言われましたが、大道具室側のＤスタジオの入口のことじゃないんですか。

そうです。

そういう話が出たという記憶ですか。

はい。

Dスタジオの入口の前に証人が行かれたとき扉の状況はどういうふうになってましたか、気がつきましたか。

カメラケーブルを噛んで扉は五センチ位の隙間を開けて閉まってました。

全部で三、四十人位と言われましたが、Dスタジオの前へ行かれてどうしたんですか。

先程言いました労働歌とシュプレヒコールをやりました。

その場へ行ってからすぐ始めましたか。

すぐ始めたのか僕が行ったとき既に始まっていたのか記憶ありません。

あなたは真ん中ないしは真ん中から後の方だとおっしゃいましたが、行ったときに始まっておったかどうかはっきり記憶ないわけですか。

ええ、多分みんな集まってから始めたんじゃないかという気もしますけれども。

そういうふうにシュプレヒコールや労働歌を始めてから、どちらが先だったか記憶はっきりしないとおっしゃるんですが、それは始めてから扉の中側のDスタジオ内の人達何か対抗策と言いますか、これに対する対策を講じておったようでしたか。

　まずケーブルが噛んでいるにもかかわらず内側から強く外側へ押してました。物理的に不可能だということでマットか何かで隙間をカバーしようとしていました。

隙間を押さえようとしているような状況ですか。

　ええ。

それに対して組合側の方でまた何かするということはなかったですか。

　何かするといいますと、毛布をとったりということですか。

ええ。

　そういうことはしておりません。

スピーカーの位置を上げたり下げたりするということはなかったですか。

　それは場所は動いてました。

で、そうやっておるうちに誰か管理職の人がその場に来なかったですか。

　多田副部長が僕らをかき分けて来ました。

当時はどこの副部長ですか。

　庶務部副部長。

多田猛という人ですか。

　そうです。

四、Dスタジオの扉は誰が何のために開けたのか

その人が来て組合員たちをかき分けた。

はい。

かき分けてどうしました。

ドアを開けたのか中から開けられたのかわかりませんけれども、中へ入りました。

どのくらいドアを開けて入ったんですか。

人間一人通れる分ぐらいですね。

それで多田副部長が入ったあとどういう具合になりました。

多田副部長が入ってすぐ閉まりました。それから暫くして割合早かったと思いますが、ドアが開きました。

多田副部長が入って閉まってまたドアが開くまでの間、組合の人達はその前で歌を歌ったりしたんですか。

その短い間はどうだったか記憶ありません。

それじゃ多田副部長が入ってから間もなく戸が開いたわけですね。

はい。

どういうふうに扉が開いたんですか。

内側から開かれまして七十度から八十度位かなり大きい角度で開きました。

開いて、それからどういうことがありました。

開いたところで中の状況見えるわけですが、そこで多田副部長が写真を撮ろうとしていること、
岸辺部長がそばにいたということですね。

それを見られたんですか。

はい。

その扉が七、八十度くらい開いておった時間はどのくらいですか。

はっきりした時間わかりませんけれども、かなり長い間あいていたような気がしますね。

と言うと何分位という表現できませんか。

一分か二分ですかね、ちょっと分かりませんけれども。

その間多田副部長はずっとあなたが見た位置におったんですか。

その場で写真とって少しは動いてましたけれどもね。

普通は扉を開けて中へ入るとシャッターがありますね。

はい
シャッターはどうなってました。

降りてませんでした。

それから、あなたの感じで一、二分位扉が開いておって、あと扉はどうなりました。

それからかなり強い力でまた内側から閉められました。

向かって左側の扉が内から開かれたとおっしゃいましたが、これは組合員が押して開いたというわけじゃないんですね。

いや、内側から開けられたわけです。

弁護人

それからDサブの中で抗議をしたらどうかという意見が出たとおっしゃいましたが、この意見が出る頃にはDスタジオの方では何か管理職の人が放送準備というかいろいろ中で準備作業なんかやっておった頃なんでしょうか。

やっておったと思います。

カメラをCスタジオの方から持ち込んでくるというような動作はやっておったかどうか記憶ありませんか。

時間的には十二時半を過ぎてからあとだと思いますね、そういう作業を僕らが確認したのは。

抗議しようという意見が出たのは。

そういう変則的な形で放送をやろうとしていることを僕ら目撃してからそういう意見が出たんですね。

やっぱりDスタジオの状況を見ておった組合員達がそういうふうな意見を出してきたということですか。

そうです。

そうすると隣のCスタジオのカメラを大道具室側の扉の方からケーブルを引っ張って使うということも見えておったんですな。

ええ、見えたと思います。

中継車の方へあなたが行かれてそこで中闘の人達と意見を交換したというんですが、その際にも先程言ったDサブの方で出ていた意見はそのまゝの形で伝わっておりますか。

ぼくは伝えたつもりです。

伝えた時にそこにおった中闘の人たちはDスタで管理職が放送を強行するということについて当然予期していたようなことでもあったですか。

いや、予期はしてなかったようですね。

それから大道具室側のDスタの入り口のドアの内側にシャッターがあることは知っておったですか。

知っております。

当時そのシャッターが故障していたというようなことは聞いておりましたか。

記憶ありません。

ドアがケーブル噛んで隙間あいたままの状態でやっておるというんですが、内側にシャッターが降りておるというのは外から見て判りますか。

判らないいんじゃないですかね。

ドアが開いたときにはシャッターが閉まってなかったのを見たというんですね。

はい。

あなた方はそのドアが開けられるまでの間シャッターについては何か考えたことがありましたか。

シャッターが閉まれば当然そのシャッターの下もケーブルの隙間はあるだろうということは考えましたね。

普通放送している場合にはシャッターは閉まっているものということなのでしょうか。

そうです。

これまで、法廷で出てきた証言の中ではDスタジオの大道具室側のドアが外側から随分押されたと言っている人があるんですが、あなた外側におって押している様子を見たり自分が押したりという記憶はどうでしょう。

そういう記憶はありません。

押している場面は見ておりませんか。

はい、ただだからだが組合員がかたまっている関係でドアに接触しているということはあったかもしれませんが、力を入れて押すとかそういうことはやってません。

それから多田さんが来た時にドアのところへ多田さんが近づく以前に既にドアが開いていたということも出ているんですがね。

ぼくは開いてなかったと思いますね。

間違いありませんな。

はい。

多田さんが行って開けたか中から開けたか知らんが、からだいっぱいぐらいの隙間から中へ入った
ということですね。

そうです。

それから多田さんが入った後にドアが七、八十度まで開かれたということですね。

はい。

これは先程の証言では内側から開かれたと、組合員が押し開けたんではないということですね。

はい。

間違いありませんね。

間違いありません。

9　組合員仁科聡（検察側証人）の証言

公判廷の証言抜粋

検察官
昼になって変わったことございましたか。

昼になりますとスタジオの方からまた事務所の方からぞろぞろと組合員が全部出てきましたので、それで初めて十二時から全面ストに入ったということがわかりました。

それは十二時から全面ストに入ったということがわかったとおっしゃいましたが、その状況をご覧になってすぐわかったということですか。

ええ、そうです。

それから皆が出てきてどういうことがありました。

それで大体全員が出終った頃に石田委員長が現在やっているピケの意義と、それから全面ストに入ったことの話がありました。

ぞろぞろ出てきたというふうにおっしゃいましたが、出てきた人達は人数で言いますとどのくらいだったですか。

全部集まりましたら七、八十名には、いや百人位になったかもしれません。

それは中継車にピケを張っておった人達も合わせてですね。

はい、そうです。

二階のＤサブからご覧になったんですか。

Ｄサブから中を見ました。

あそこは前面ガラスになってますね。

はい。

Dスタの状況はどうだったですか。

そうして上へあがってみますと大道具の方からケーブルが一本Dスタの中に入ってきてまして、そして管理職の人達がやはり本番前の慌ただしさで動き回っているのが見えました。

その当時にはやはりDサブの中には先程おっしゃったような組合員の人達はおられたんですか。

サブの中にはいました。

そしてあなたが上からご覧になってそれからどうされました。

それで中を見ますとカメラが入ってましていよいよ生放送が始まるような感じがしましたんで大道具の方の入口の扉が開いているんでこんな状態で放送しては真にけしからんと思いまして向こうの大道具室の方へ行って抗議をしようということになりまして、そして下へ降りていったわけです。

こんな状態で放送するのはけしからんとおっしゃいましたが、具体的にはどこが悪いということになるんですか。

まずいつもやっているスタッフがその放送をしなければ前からの流れもありますし、いい放送ができないだろうということと、それから普通テレビのスタジオ番組というのは大体カメラを三台使って放送していくわけなんですが、それがその時見た状況では一台しかありませんので一台ではカメラを切り返すこともできないし非常に不完全だろうと思いました。

抗議しようという話になったとおっしゃいましたが、それは誰が言い出したんですか。

　それは誰がということはないんですが、Ｄサブの中の組合員が一様に口に出してました。

抗議しようということを。

　はい。

どういう方法で抗議しようというようなことについては何か話は出ていなかったでしょうか。

　それは全然ありません。

あなたは聞いておられない。

　はい。

そういう話になってそれから。

　それで私は何しろ大道具の方は大体いつも美術部の管轄になっているわけなんです。それで私も非常に責任を感じましてすぐ大道具の裏の方へ行く気になりましたが、その前に委員長に報告しようと思いましてそれで一旦廊下を通りましてスロープのところまで出てきたわけです。

それは証人一人で出かけたんですか誰かと一緒に行かれたんですか。

　一人で行きました。

委員長と言われると石田委員長のことですね。

　そうです。

石田委員長はおりましたか。

　いました。

前と同じような位置におったんですか。

前はスロープを背にしてましたが今度はもう少し廊下の方にいました。

そこへあなた行かれたわけですか。

そうです。

それは委員長一人があなたの今言われた場所におったんですか、それともほかにも沢山。

石田委員長一人だったと思います。

ピケ要員はおったでしょう。

ピケ要員というのは。

中継車の。

それは沢山ぐっと取り囲んでおりました。

そこで石田委員長の所へ行ってどういうふうに言われたんですか。

大道具の方の扉があいて放送が始まりそうだから私達つまり私と美術部の人は大道具の方へ行きますよということを言いまして大道具の方へ行きました。

そういうことを言われた時に石田委員長は何か言われましたか。

言葉では何もなかったと思います。

態度では。

別に否定するようなことはありませんでしたのでそれも大体聞き流すようにして移動しました。

四、Dスタジオの扉は誰が何のために開けたのか

大道具室側の扉の所に行かれたのは証人はそうすると最初の方になるわけですね。

　ええ、一番最初です。

あとから来ましたか。

　ええ、それはもう後ろから続々とやってきました。

全部で何人位来ました。

　その時点では三十人から四十人位だと思います。

大道具室側のDスタの扉の所へ行かれたとき扉の状況はどういうふうになっておりましたか。

　扉はカメラのケーブルが中へ入ってまして閉まってましたんでそのケーブルの分だけ開いていたと思います。

ケーブルはどこからきているかわかりましたか。

　それはCスタからきておりました。

それはご覧になったんですか。

　それは・・・、とにかくCスタの方からケーブルが来ておったわけです。

その扉の前へ行かれたときの時間は記憶しておられますか。

　これも時計を見てはっきりしたわけじゃないですけれども、まだ一時にはなってなかったんじゃないかと思います。

そうしますとケーブルを噛んだ隙間だけ開いているわけですね。

　ええ、そうです。

中を覗いてご覧になったりしたことはありませんか。

　それはありません。

その時点で。

　その時点で中を見ようと思いましたけれども、閉まってますんで中は見えませんでした。

扉の一つ中にシャッターあるということご存じですか。

　ええ、知っております。

当時シャッターがどうなっておったかということは外から見えなかったわけですか。

　そうです。

あなたはどういうふうにお考えでしたか。

　多分本番に入ればちゃんとそのシャッターが閉まっているもんだと思ってました。


大体何名ぐらい集まってきましたか。

　ざっと三十人から四十人ぐらいだと思います。

そこで集まって何かされたんですか。

　そこでとにかく集まりましてまだ何もしてませんでしたので私がどうしようと言いました。

そしたら。

　そしたら抗議しようということになりまして、そして歌を歌ったかシュプレヒコールをしたかどっちが先だったかわからないんですが、抗議に入ったわけです。

歌が先かシュプレヒコールが先か記憶にない。

　はい。

どちらもやったんですか。

　ええ、どちらもやりました。

私はそれを確認した時には木口さんがマイクでスピーカーの部分は他の組合員が持っていたと思います。

そのスピーカーを持っておった人は記憶ありますか。

　それは記憶にありません。

それからスピーカー持っておった人はどういうふうにしてスピーカーを持っておったか記憶ございますか。

　それは大道具の扉がやゝ開いてましたんでその開き目にスピーカーを当てるようにして持っておりました。

それからそういうことをされて何か内部の方でそれに対して対抗策と言いますか、何かやっているような様子はありましたか。

　そこでいろいろと抗議の声を出したわけですが、中の方からカーペット様のものをマイクに当てていました。

マイクに当てていたというのは。

スピーカーが扉に当っているところにそのカーペット様のものを当てているのがわかりました。

そのすき間に当てているという意味ですか。

ええ、そうです。

カーペットを引き出そうとするようなことはなかったですか。

それはありました。

どういうことですか。

つまり向こうからカーペットがこっちへやっぱり少し出ている部分がありますね、それを引っ張ってすっとこっちへ抜いたというようなことあります。

抜き取ったことがあるんですか。

ええ、それはたいして力を入れたんじゃないと思いますけれども、なんかこっちへ抜けた分もありました。

それはあなた自身そういうカーペットを引き抜いたりしたことはあるんですか。

いいえ、僕はありません。

誰がおったか記憶ありますか。

それは記憶にありません。

四、Dスタジオの扉は誰が何のために開けたのか

カーペットを抜き取ったとおっしゃるんですが、そういうようなことをしている時に、すき間が大きくなったりしたようなことはなかったですか。

それ少しは後ろの方にも組合員が沢山いますのでやや扉を押す格好になりますので少しは開いたかもしれませんがケーブルの幅よりも大きく開くというようなことは絶対にありませんでした。

ケーブルを噛んだ隙間は大体どのくらい開いておったか言えますか。

大体五センチから六センチ位だったと思います。

そういう状況があってあと何か変ったことがありましたか。

そうこうしているうちにその我々の前の扉が急に大きくスタジオの方へひろげられました。

扉が大きく内側に開いたとおっしゃいましたがどの程度開きました。

それは殆ど開きましたんで大体いっぱいに開くと九十五度位開くと思うんです、だからいっぱいいっぱい開きましたんでざっと八十度から九十度位という具合いに思うんです。

開きますと中は見えますね。

ええ、見えます。

真っ先に目についたのはどういうことだったですか。

技術部の岸辺部長が扉のそばに立っていました。

何していました。

そして取手の辺りを手をかけるようにして扉に手をかけるようにして我々をぐっとものすごいこわい顔でにらみつけました。

それからその中をご覧になったときDスタジオの奥の方見えましたか。

見えました。

シャッターはどうなっておりました。

シャッターはあがっておりました。

それから内部の人達の姿は見えましたか。

出演者の人は内部に向かって左の奥の方だったから見えなかったんですが、やはり管理職の人がカメラを持ったりまたマイクロホンをつけておりますブームというものがあるんですが、そういうものをやっている光景が目に入りました。

それは放送中の風景だと聞いていいんですか。

いや、その点でぼくはぱっと扉が開いたときにもう既に放送が中止したんかなと思いました。

それからどういう状況でしたか。

それで扉がぱっと開きまして岸辺部長がこちらを睨みつけておりました。そしてもうすぐだったと思いますが、私の右手の方から誰か人が入って来たわけなんです。そして私の横を通るときに初めてそれが多田、当時副部長だったと思います。多田副部長が我々の前へ出ました。そして丁度岸辺部長の隣の位置から我々の方へ向かってカメラを向けて写真をとりました。

そうしますとその時点で岸辺部長はまだ元の位置におったわけですか。

　ええ、その扉のところにいたと思います。

あなたの方からご覧になって岸辺部長の位置と多田副部長の位置はどういう具合になっておったですか。

　岸辺部長が向かって左側で右側が多田副部長だと思います。

それで写真を撮られたとおっしゃるんですが、その間組合側はどうしておったんですか。

　多田副部長がこちらへカメラを向けましたんで非常に怒り心頭に発しまして余計にその時は歌を歌ったと思います。

それから多田副部長は写真を撮ってからどういうことになりました。

　多田副部長は写真を撮りまして、思いっきり扉を我々の方に向かってばんと閉めたわけなんです。

大きな音でもしたんですか。

　ええ、それはばんと大きな音がしました。

それは写真を撮り終ってすぐですか、そういう行動があったのは。

　ええ、すぐです。

そうしますとその扉が大きく内側に開かれてから今あなたがおっしゃった多田副部長が入って来て写真を撮って閉まるまで大体どのくらいの間扉が開いておったというふうな記憶ですか。

　大体二分から三分ぐらい、これも正確には言えないんですが、そんなもんじゃないでしょうか。

弁護人

ドアが開かれてそこへ多田副部長が入って来たという証言だったですね。

はい。

これはこの前の法廷では最初に多田副部長がやって来て中へ入った後にドアが開いたという証言をしていらっしゃる方もあるんですが、その点のご記憶は証言された通りなのかどうか。

私の記憶している限りでは岸辺部長が開けて大きく開いたその後すぐ多田副部長が私の右側から前へ出て行ったと思います。

何か後ろからかき分けてきて体いっぱいすっと入って開いたのはその直後かもしれないんですけれども、順序が違う証言が出ているように思うんですが。

私の記憶している限りでは大きく扉が開いたそこへ多田副部長がすっと行ってこちらへカメラを向けたように思います。

そうするとカメラをふたを開けて持っていて、入って行くなりこっち向けて撮したということですか。

ええ、そうです。

五、裁判

五、　裁判

1　起訴状

昭和四〇年検第（××、×××）
（××、×××）
（××、×××）
（××、×××）号

起　訴　状

各　在　宅

左記被告事件につき公訴を提起する。
昭和四〇年一〇月二三日
××地方検察庁
検察官　検事　××××

××地方裁判所殿

（被告人四名の本籍、住居、職業、氏名、年令、生年月日省略）

公訴事実

被告人らは、××××に本店を置く株式会社××放送(以下会社と略称)の従業員で、会社従業員の一部をもって組織する民間放送労働組合××地方連合会加盟の××放送労働組合(以下組合と略称)の組合員であり、被告人木口一康は組合執行委員、被告人中山一雄は昭和四〇年度春斗に際し、中央斗争委員であったものであるが、会社と組合との間に発生した賃上げ要求に関する昭和四〇年度春斗の労働争議中、同年五月六日組合員らがストを行なったので、会社側においては、技術制作部長岸辺順一ら管理職員の手で同日午後一時から三〇分間××スタジオ内Dスタジオにおいて××株式会社提供の「ママの育児日記」のテレビ生放送を行なおうとしたが、組合員多数がDスタジオ副調整室を占拠したため、管理職員による同室の機械操作が不能となりDスタジオのカメラを使用して放送することができなくなったので、急遽隣接のCスタジオのカメラ一台をDスタジオに運び、Cスタジオのケーブルを Dスタジオ北西側出入口からDスタジオ内に引き入れて右カメラに接続し、前記生放送を実施しようとしたところ、被告人らは右放送を妨害しようと企て、他多数の組合員らと共謀の上、同日午後一時頃Dスタジオの右出入口の外側に押しかけ、右のように会社側がDスタジオの外側からケーブルを引き入れたため同出入口の扉を完全に閉鎖することができず扉に隙間ができていたので、その隙間からDスタジオ内部に向け、更に同スタジオ西側出入口扉を押し開け同スタジオ内に向け、前後約八分間にわたり携帯マイクを用いて労働歌を高唱し、「団交を開け」

などシュプレヒコールし、或いは手を叩くなど気勢をあげて騒音を発し続け、よって前記生放送実施中のＤスタジオ内マイクを通じて右騒音を生放送の音声に混入させ、もって威力を用いて会社の業務を妨害したものである。

罪名及び罰条

威力業務妨害　刑法第二三四条

昭和四〇年一〇月二三日

××地方検察庁

検察事務官　××××

（注　傍線部分は第八回公判で追加された部分である）

2　検察官釈明・訂正・追加抜粋

第四回公判

一、共謀の日時、場所、態様は現場共謀の趣旨であり、共謀者は被告人等四人を含む約二十名ぐらいである。約二十名中には茨木宏、渡瀬隆史、五木利夫がいる。

三、実行行為としてとらえている点は、起訴状二枚目裏の後ろから四行目、その隙間から以下次頁混入させせまでである。

四、これらの行為中、各被告人の果たした具体的行動は、労働歌を高唱し、「団交を開け」などシュプレヒコールし、あるいは手を叩くなど気勢をあげて騒音を発し続けたことである。

第五回公判

三、被告人らの実行行為の内容は次のとおりである。(前回の釈明中四項に関して)である。

木口・・・・自身が携帯マイクを所持して音頭をとっていた。

中山・・・・その後に同じように携帯マイクを所持して労働歌をうたうなどしていた。

北岡、小阪・・・・他の約二十名位のものと同じ行動をとっていた。

八、威力の内容は公訴事実中

・・・・「約八分間にわたり・・・・・騒音を発し続け・・・・」という所迄である。

第七回公判

二、第六項三行目記載の組合員二十数名の氏名は、特定できる者としては四項五行目以下記載の茨木宏、仁科聡、笠置滋雄、細田真一、渡瀬隆史、佐田義男で右以外の者の氏名は不詳である。

三、六項の四行目記載の「相謀り」とある相謀った場所は現場共謀の趣旨である。

四、六項裏五行目、前後六分五十五秒というのは、騒音が継続していた時間の趣旨であり、扉を押し開いていたのは、右六分五十五秒の途中であるが、その時間は明確にし難い。

五、六項裏五行目、扉を押し開けた行為は訴因に包含されず事情にすぎない。

七、第五回公判での釈明の訂正

扉は最初から隙間があり騒音はこの隙間から発していたが、途中で被告人四名を含む氏名不詳の組合員等のうち誰かが扉を押し開けた。この扉を開ける行為についての共謀があったとまでは主張しない。

第八回公判　起訴状の訂正

二枚目裏、後ろから四行目、その隙間からDスタジオ内部に向け、の次に「更に同スタジオ西側出入口扉を押し開け、同スタジオ内部に向け前後」を挿入する。

第十一回公判

公訴事実最後から二行目（前記生放送実施〜妨害したものである）の妨害は、スタジオ内における生放送および一般家庭テレビにも騒音を混入させて妨害したという趣旨である。

3 論告抜粋

論告目録

五、　裁判

六 責任（故意）

1 生放送中であることの認識

2 騒音がDスタジオ内に入り放送される認識

七 情状および求刑

は　じ　め　に

論告をするにあたって次の三点について特に裁判所に要望します。

第一点は、放送における騒音が、如何なるものであるかについて、十分考えてもらいたいということです。本件のように、騒音の入ったテレビ放送を聴いた一般視聴者は、多分、非常に奇異な感じを受けたことでしょう。それは、いかに未熟な放送においても、騒音が本件のように大きく、かつ、長い時間入るということは、考えられないからです。すなわち、放送における騒音は、もっとも初歩的な欠陥であるからです、

第二点は、騒音の程度およびそのおよぼす効果を考えるにあたって、放送専門家としての立場から考慮してもらいたいということです。何事においても、専門家は、専門領域に関する事項について、非常に厳しい見方をするものです。わずかなカシをも許しません。本件は、放送会社の放送に放送会社従業員が騒音を入れたという専門家による犯行であります。したがって、この騒音の程度およびそのおよぼす効果を考えるにあたって、一般人の耳でもって判断してはならないので専門家の耳でもって判断してもらいたいということです。たとえば、本件犯行の「相当性」を判断する際、その基準を放送専門家においてもらいたいということです。

第三に裁判所は、証拠物である録音テープについて、十分なる検討を加えてもらいたいということです。それによってはじめて、本件騒音の程度について正当なる判断をなしうるからです。この録音テープを聞くにあたって、テープレコーダーの音量を徐々にしぼり、騒音が消えるまで行い、その時におけるアナウンサーや対話者の声がどうなるかを調べることは騒音の大きさを知る上で有効です。

一 争議の経過（省略）

二 犯行の状況

1 「ママの育児日記」担当者のストライキに至る経緯（省略）

2 Dサブのピケ状況

・・・・

Dサブ内における管理職員の担当は、ディレクター和田副部長、スイッチャー桂課長、カメコン吉川課長、照明小西課長、ミキサー山崎副部長、サウンドエフェクト岸辺部長となっていた。しかし、管理職員は、これまでのストライキ例から組合員のピケ張りを予想しておらず、山崎副部長、小西課長以外は、フロアに降り、人形劇の取扱いなどの打合せをしていた。そのような状態のDサブに午後〇時二〇分ごろより鉢巻姿の組合員約三〇名が入室し、同室内の各出入口にピケを張ったため、山崎副部長は、事態の重大化を察し、インカムでフロアの内田課長に「上ってんか」と、それとなくDサブ内への応援を依頼した。この状態に気付いたDスタジオフロアの管理職員の岸辺部長、吉川課長、内田課長は、同フロアからDサブに通ずる階段を上り、Dサブ内に入ろうとしたが、組合員のピケにより扉を開くことができなかった。そのため、Dサブ内の山崎副部長が音声のほかカメラも担当しようとし、カメラスイッチを入れるためにスイッチャー卓に接近すると、組合員は、二列に並んで密集隊形を作り、あるいはスイッチャー卓に覆いかぶさるなどしてスイッチ操作を妨害した。このため、Dサブ内では、音響と照明だけは、操作し得たが、カメラのスイッチを入れることができず、したがって、Dスタジオ内の三台のカメラは使用できない状態にいたった。

3　Dスタジオ西側出入口外における状況

・・・

Dスタジオのカメラは、一台も使用できない状態にいたったが、芦田越蔵制作局次長らは、Dスタジオに隣接するCスタジオから、カメラを持込み、放送を強行することを計画し組合側の妨害をさけるため、放送開始直前(五分ないし十分前)にCスタジオよりカメラ一台をDスタジオに持込んだ。このため、Dスタジオ西側出入口の扉は、完全に締らず、カメラケーブル直径約二糎の隙間が開いたままであった。

このようにして、同日午後一時より放送が開始されたが、音声はDサブを通じ、画面はCサブを通じて、それぞれ第一サブへ送り、同所で和田副部長がディレクターの任務を担当し、同所より主調整室に送って放送した。

管理職員が放送を強行しようとしているのを知った組合員は、あくまで右放送を阻止しようと企て、中斗委の指示でDサブ内、あるいは中継車ピケに加わった被告人四名を含む組合員約三〇名は、管理職員に対する抗議と称して、カメラケーブルのため約二糎の隙間ができたDスタジオ西側出入口扉の外に集合し、Dスタジオ内に向け労働歌の合唱、シュプレヒコール、拍手などを繰返し、その際、組合員は拡声器を使用し、拡声器のラッパは、扉の隙間にあて管理職員が隙間にあてたカーペットを避け、ラッパを上下に動かし故意にDスタジオ内に騒音を入れようとした。

これらのいわゆる抗議行動は、放送開始の午後一時ごろより午後一時八分三〇秒まで続けられたが、その間約二分間、右扉の北側半分が大きく開き、騒音がスタジオ内に自由に入る状態になった。

　このため、コマーシャルタイムを除いた六分五五秒間右スタジオ内および本件番組の放送に労働歌、シュプレヒコールなどの騒音が混入し、会社所期の円滑な同番組運営および同放送効果を著しく阻害した。

4　被告人等の具体的行動

・・・・

（一）　被告人木口一康について

　前述のように管理職員が、Cスタジオからカメラを一台持ち込んで本件番組の生放送を強行しようとしているのを、Dサブにピケを張っていた組合員が発見し、抗議をしょうという意見が出た。茨木宏中斗委は、この意見を中継車付近にいた被告人木口一康を含む組合幹部に伝え、かつ、Dスタジオにおける状況を説明した。被告人木口一康ら組合幹部は、協議の結果、Dスタジオ西側出入口外において、歌やシュプレヒコールでDスタジオ内管理職員に抗議することを決定し、動員を指令した。

　被告人木口も右決定後、組合所有の携帯拡声器を持ってDスタジオ西側出入口外に行き、終始、右拡声器のマイクを用いて労働歌の合唱、シュプレヒコールの音頭をとり、本件における指導的役割を果した。

（二）　被告人中山一雄について

被告人中山一雄は、午後〇時前、Ｄスタジオに行ってくれという組合員の依頼により、ピケを張るため二、三名の組合員とともにＤスタジオ内に入った。同所では管理職員が打合せをしており、他に組合員がおらず、直ちに多田副部長に扉を締められ、同スタジオ内にとじ込められそうになったので、組合員多数がピケを張っていたＤサブに入り、同所よりフロアーの様子を見ていた。

被告人中山は、午後一時少し前ごろ、Ｃスタジオからカメラが一台持ち込まれ、午後一時より本件番組の生放送が始り、Ｄスタジオ内の映像がモニターテレビに映ったのを確認してＤサブを出て中継車の方へ向った。その途中、組合員からＤスタジオへ行ってくれと言われ、Ｄスタジオ西側出入口外に行くと、すでに組合員約三〇名が参集して労働歌の合唱やシュプレヒコールを行なっていた。

被告人中山は、組合員をかきわけ最前列に出た。その際、被告人中山の後を追うように多田副部長が組合員をかきわけて前方に出て来て、組合員の持っていた携帯拡声器のコードをつかんで取り上げようとした。被告人中山は、これを見て、す早く右拡声器を引張り奪取を防ぎ、その後、最前列で拡声器のラッパを支えるなどし、他の組合員とともに労働歌を合唱し、シュプレヒコールを行なった。

（三）　被告人北岡優について

被告人北岡優は、Ｄスタジオ廊下側（東側）出入口およびＤサブ内のピケ張りにあたっていたが、管理職員がCスタジオからカメラ一台を持ち込むのを見て、管理職員が本件番組の生放送を強行しようとしているのを知った。午後一時本件番組のテロップが出て音楽が始ったころ、Dスタジオ大道具側入口(西側出入口)に行けと言う組合の指令で、Dサブ内の組合員約一〇名と共に右出入口外に行った。被告人北岡は、同所において、約三〇名の組合員の最前列中央に位置し、他の組合員と共に労働歌を合唱し、シュプレヒコールなどを行なった。

(四)　被告人小阪信夫について

被告人小阪信夫は、中継車ピケに参加していたが、組合中斗委からDスタジオの方へ行けとの指令を受け、午後一時少し前に、Dスタジオ西側出入口外に到着した。被告人小阪は、約三〇名の組合員の最前列左端付近に位置し、他の組合員と共に労働歌の合唱やシュプレヒコールなどを行なった。

5　管理職員の措置

・・・

被告人らの犯行に対し、Dスタジオ内の管理職員岸辺順一、南一太郎、東良男、内田安雄らは、騒音の侵入を妨ごうとし、カーペットを扉の隙間に当てた。とくに、組合員は拡声器のラッパを隙間に当てていたので、右ラッパのある部分を中心にカーペットを押しあて、さらに、扉が外から押されて、ややもすれば、扉の隙間が拡がりそうになるのを防ぐため、内側より扉を押し、あるいは、運搬車などを押えに利用するなどし、必死に騒音の侵入を防ごうとした。

一方、ディレクターの関本弘康などは、アナウンサーに予定された卓上マイクを使わず、手持マイクを口元に近づけて使用するよう指示し、それに合せてＤサブでは山崎明が全体の音量を絞り、また、第一サブでは、竹田倉治がバック音楽を入れる操作をし、右騒音をできるだけ消そうと努めた。

6　扉の開閉

被告人を含む約三〇名の組合員による前記抗議行動中、Ｄスタジオ西側出入口扉の北半分が、スタジオ内に向け大きく開かれ、同スタジオ内および生放送に騒音が大きく混入したことは明らかである。

ところで、被告人および弁護人は、右扉の開かれたのは、管理職員の多田猛が被告人ら組合員の現場写真を撮影するため、管理職員岸辺順一において行ったものであると主張するのでこの点を検討する。

被告人および弁護人の主張にそう証言をなすものに、Ｄサブでピケを張っていた長岡孟がいる。同人の証言の要旨は「(扉)の中の人は開けまいとしていたが、多田さんが強引に割りこんできた。人間が入れる位扉が開いた。その扉は、岸辺が閉めた。多田は（Ｄスタジオ内に）入ってから、何か指図してカメラを構えた。同時に岸辺さんが扉を開いた。岸辺さんは、再び扉を閉めた」というもので、同じく岸辺順一が開いたとするものに被告人北岡優の警調、検調がある。同被告人の昭四〇・八・九付検調には「会社側に抗議をするため歌を合唱していると急に、扉が内側から開かれ、中にいた多田副部長に写真を写された。扉を開いたのは、岸辺部長である」とある。しかし、右被告人の供述は、扉が二回開かれたことを供述しておらず、この点前記長岡証言とくい違っている。また、被告人および弁護人の主張に近い証言をしている者に証人仁科聡および証人茨木宏がいる。仁科聡の証言要旨は「そうしているうち(歌ったりシュプレヒコールをしていることをいう)に、扉が大きくスタジオの方へ開かれた。八、九〇度開かれ、岸辺さんが扉のかたわらに立ち、把手に手をかけていた。その後、私の後方から多田副部長が入って行き、岸辺さんの横からわれわれに向け写真をとった」というもので、茨木宏の証言要旨は「多田副部長は、(組合員を)かきわけて前に出て、扉を自分で開けたか、あるいは、内から開けたかわからないが人が一人通れる位開き、多田副部長は中に入った、扉はすぐ閉った。それからしばらくして扉が開いた。内側に大きく七、八〇度開き多田副部長が写真をとった」というものである。

このように、証人仁科の証言は、扉が大きく開かれた際、多田副部長がスタジオ内に入ってすぐ、写真をとったというもので前記長岡証言とは大きくくい違い、むしろ被告人北岡の供述に近い。それに反し、証人茨木の証言は、前記長岡証言にちかいのであるが、このように写真をとるため岸辺が開いたとする証拠あるいはそれをうかがわせる証拠の間に矛盾があり、いづれもにわかに措信し難い。

この点に関し、扉を開いたといわれている岸辺順一の証言要旨は「私は扉が外側より押され、このまま支えることができず、扉の内側においてあった運搬車などががたがたし、はねかえってくる危険性があったので、反動をつけて扉を閉めるべく、ハンドルをつかんで約九〇度引き開けた。その際、多田副部長がスタジオ内にころがりこんできた。そして、組合員の写真をとっていたが多田が写真をとるまでの間に一度誰かが扉を閉め、それが再びはねかえったという記憶があります」というもので、被告人および弁護人の主張するところと大きくくい違っている。右岸辺証言にそうものとして証人多田猛の証言がある。同証言の要旨は「中に入ろうと思って人垣をくぐった。目の前に拡声器のコードがあったのでとりあげようとしてひっぱったがとれなかった。私が中に入ったとき扉は、九〇度開いていた。入ってから右手で扉を閉めにかかった。八割位閉めたが押し戻され、扉は再び九〇度開いてしまった。組合員が手で押し戻したものと思い、これはひどいと考え写真をとった」というもので、組合員による外からの力によって扉が開かれた旨証言している。

このように当事者の証言によると岸辺順一が開いたのは、最初であり、その際は、反動をつけて閉めるべく開いたので被告人ら組合員の写真をとるため扉を開いたのでないことは明らかであり、また、開かれていた時間も短い。そして、二回目の扉の開かれた原因は、被告人を含む組合員の行為によったものと推定しうる。それは、前記岸辺・多田の各証言からだけでなく、次のような間接事実からも推認しうる。

すなわち、扉は外側からかなり激しく押されたので、岸辺順一、南一太郎らは、扉の内側より強く押し、あるいは扉が内側に開かれないように、運搬車などをおいて支えにしていたのであり(岸辺順一、長岡孟、東良男の各証言、内田安雄の検調)、岸辺順一が扉を開いたのは、内側から押えきれなくなり、扉がパッと開いて運搬車などがはねとばされる危険を感じ、反動をつけて閉めるためであった(岸辺証言)ことから、被告人ら組合員は、扉の外でかなり激しく扉を押していたことがうかがわれ、さらに被告人ら組合員の当初の意図が、騒音をDスタジオ内に混入させることによって、本件番組の生放送の阻止にあったことなどから充分推認できうる。

次に、扉が開かれていた時間であるが、証人多田猛は「写真をとるのに二、三〇秒、長くて四〇秒スタジオの中入って写真をとりこれを終えて扉を閉めるまで九〇秒ないし百秒かかった」旨証言し、証人茨木宏は「扉が開いていた時間は一、二分間であった」旨、証人仁科聡は「扉が開いて閉まるまで二、三分位」とそれぞれ証言し、証人長岡孟、同友長洋の証言もほぼ同趣旨である。

この点に関して、裁昭四二年押七号符三号の録音テープによると、騒音が急に大きくなっているのは、バック音楽が流れ、アナウンサーが片岡講師に話しかけはじめてまもなくである。これは、時間的に計算すると午後一時六分ごろにあたり、扉が閉められた時期については、右録音テープからはやや判然としないが、シュプレヒコールが行なわれている途中であると思われる。被告人らの抗議行動は、このシュプレヒコールの後に拍手の乱打がありそこで終っているが、証人岸辺順一の証言によると「扉を閉めた後一、二分被告人らが続けていた」と証言し、証人多田猛は二、三分続いていた旨証言し、証人長岡孟は「閉めてからしばらくしてやめたようです」と証言し、いづれも扉が閉められた後、被告人ら組合員の歌かシュプレヒコールが続いていたことを証言している。前記録音テープによると被告人らの抗議行動が終ったのは、午後一時八分三十秒である。すると扉が開かれていた時間は午後一時六分ごろから午後一時八分前後の約二分間であったと認められる。

三　共　謀

本件は、現場に参集した被告人を含む組合員約三〇名の共謀による犯行で、それは、・・・・各証言、裁昭和四二年押七号符三号録音テープ、符四号写真原板、被告人四名の各当公判廷供述、被告人中山一雄、同北岡優の各警調、検調により認められる。

本件犯行に加った組合員は、Dサブ内から出発したグループと中継車付近から出発したグループの二つに分けることができ、その二つのグループは、当初より本件番組の生放送に従事している管理職員に対する抗議および右生放送の阻止という共通の目的を持っていた。すなわち、前述したように、Dサブ内からフロアの管理職員の動静を見ていた組合員は、管理職員が通常三台使うカメラを一台にし、カメラケーブルのため扉が完全に締らない不完全な状態で生放送を強行しようとしているのを見て、これに対し、抗議しようという意見が出た。右意見は、茨木中斗委により中継車付近の組合員に伝えられ、両グループにかけ橋がなされた。さらに、両グループは、Dスタジオ西側出入口外に参集し、約三〇名が集った段階で、組合員の中から「これからを抗議しよう」と言う提案がなされ、それを機会にシュプレヒコールや労働歌の合唱が右スタジオ内に向けてなされた。その際、被告人木口は、携帯拡声器でこれらの合唱やシュプレヒコールの音頭をとり、他の被告人および約三〇名の組合員はともに右木口の音頭にあわせて合唱し、シュプレヒコールを行なった。

被告人中山一雄は、やや遅れてこの集団に加わったが、他の被告人および組合員の犯行状況を十分認識しながら「皆がやっているのだし、自分だけやらないのもどうかと思って皆と一緒に歌った」(被告人中山の検調)のである。
よって、本件犯行が被告人四名を含む約三〇名の組合員相互の間の意思の連絡の下に、共同して行なわれ たものということができる。

四 威力業務妨害罪の成否

1 「業務を妨害したもの」に当る

業務妨害罪にいう業務の「妨害」は、業務の執行自体の妨害に限らず、ひろく業務の経営を阻害する一切の行為を含むのである(大審院昭八・四・一二判決刑集一二・四一三、仙台高裁高裁刑特報三・一一四)。本件において、被告人らは、本件番組の生放送そのものを阻止し得なかったが、Dスタジオ内に騒音を入れ、予定された卓上マイクを使用できない状態にし、アナウンサー、デイレクター、出演者らに対し、対話者の声を聞きづらくし、心理的な動揺を与え、もって円滑な番組運営を阻害し、さらに右生放送に騒音を混入させ、放送効果を著しく害し、会社所期の正常な放送を妨げたことは以下にのべるとおり明らかである。

・・・・

電波を受けて録音したサウンドスクライバーテープ(竹田倉治の証言)から複製した裁昭和四二年押七号符三号録音テープに前記騒音が録音されている事実から明らかである。

その騒音の程度は、右録音テープに録音されている通り、コマーシャルが終るやいなや、携帯拡声器による大きなシュプレヒコールが入り、騒音とそれが判る程度のもので、これを消すため、不必要あるいは放送にとって障害となるバック音楽を流さざるを得なくし(和田功の検調、竹田倉治の証言、騒音はアナウンサーの声と重なりあって聞き苦しく、とくに午後一時六分頃よりその騒音は、全くアナウンサーや出演者の声を圧するまでにいたっており(その後やや騒音が低くなっているのは、アナウンサーに手持マイクを口元に近づけさせた上、全体の音量を絞るという操作をしたためである。山崎明、関本弘廉の各検調)、従前より同番組のプロデューサーであった和田功をして、昭四〇・七・一〇付検調で騒音は「私の立場から仕事の生命を傷つけられた気持です。どんなボンヤリした人でもあの音を聞いたなら、テレビ局は一体何をしているのだろうと思うでしょう」と言わしめ、本件生放送のデイレクター関本弘康をして昭和四〇・九・二付検調で「こんな無茶な(組合員らの騒音)ことは前代未聞である」と言わしめ、いずれも右騒音の程度が、極めて大きく、放送関係者として耐え難い程度であったことを述べている。

・・・

2　「威力を用ひ」に当る

威力業務妨害罪にいう威力とは、犯人の威勢、人数および四囲の状勢よりみて、被害者の自由意志を制圧するに足る犯人側の勢力である(最高裁判昭二八・一・三〇刑集七・一・一二八)

本件の場合、Dスタジオ内へ騒音が入ったことにより、本件番組放送そのものの円滑な運営を妨げ、かつ、放送中に騒音を入れ、放送効果を著しく害し、もって会社の正常な放送を行おうとする意思を完全に妨げるという結果が発生し、それは前述したように被告人らを含む約三〇名の組合員がDスタジオ西側出入口でスタジオ内に向け、シュプレヒコールや労働歌の合唱を行ったことによるもので、その犯行の態様は、右出入口扉にカメラケーブルのため約二糎の隙間ができ、内部から如何に押えても、それ以上密閉できず、かつ、右隙間にカーペットなどを当てても外部の激しい騒音を防止できない状況において、右扉の外に集合し、携帯拡声器のラッパを右隙間にあて、一斉にシュプレヒコール、労働歌の合唱をし、途中、右扉の北側半分が開かれ、騒音の混入に何ら障壁がない状態にいたったにもかかわらず、シュプレヒコールを続け、新たに労働歌を合唱したもので、当然威力業務妨害罪の威力にあたる。それは本件番組が生放送でなかったならば会社は直ちに番組の進行を中止していたであろうことを考えても明らかである。

・・・・

五　違法性

1　正当な争議行為にあたらない

争議権の本質は、原則として労働者が労働契約上負担する労務供給義務の不履行にあり、その手段方法は、労働者が団結して持つ労働力を使用者に利用させないことにあるのであつて、使用者が自ら行おうとする業務遂行に対し、暴力を行使してこれを妨害することはもとより、不法に使用者側の自由意思を抑圧し、あるいはその財産に対する支配を阻止することはもとより許されないところである、（最高判昭二五・一一・一五刑集四・一一、二二五七、最高判昭二七・一〇・二二民集六・九・八五七、最高判昭三三・五・二八刑集一二・八・一六九四、最高判昭三三・六二〇刑集一二・一〇・二二五〇）。

本件事案をみると、組合は、当日午後〇時より午後一時三〇分まで全面ストライキを行ない、管理職員による代替放送を阻止すべく、本件番組放送のDスタジオ出入口およびDサブにピケを張ったのであるが、代替要員の管理職員は、右スタジオに隣接するCスタジオよりカメラ一台を持ち込み放送を強行しようとしたので、組合は、ストライキの効果を著しく減殺されることを恐れ、右管理職員による放送を阻止しようとして、本件におよんだもので、右管理職員は、従前より非組合員として会社の管理業務に従事していたもので、組合に支配介入するなどの不当労働行為により得たものでなく弁護人が言うように、右代替放送は、組合の団結破壊のみを目的としたものとは到底言いえない。しかも、被告人ら組合員の行った行為は、前述のように、管理職員が扉の密閉できない状態で行っている生放送中、右扉の隙間よりスタジオ内に向けシュプレヒコール、労働歌の合唱を行なうという積極的行為により、スタジオ内に騒音を混入せしめ、右業務に従事中の管理職員および出演者に物理的、精神的影響を与え、円滑な番組運営を阻害し、生放送中にも騒音を混入させ、放送効果を著しく害し、もって会社所期の正常な放送業務の運営を阻害したもので、到底正常な争議行為とは言えない。

ところで、弁護人は、本件抗議行動は、組合の行った争議行為の一環であり、行った行為も、歌とシュプレヒコールだけで、扉を開いたり、スタジオ内に乱入したり、電源を切ったり、管理職員のDスタジオ出入も阻止しようと思えば容易にできるのにこれをせず、ただ、扉の外で歌い、団結の力を示し、管理職員に反省を促したのみであるので、手段においても相当であると主張する。もし、組合員が弁護人の指摘したような、扉を開き、スタジオ内に乱入し、電源を切るなどの行為をしたならば、それは当然、威力業務妨害罪その他の犯罪を構成することは明らかで、被告人らがこれらの行動をとらなかったのは、当然のことで、なんら賞讃さるべきことではない。被告人ら組合員が行ったシュプレヒコール、労働歌の合唱は前述したように生放送中のスタジオの隙間のできている扉の外で、スタジオに向け拡声器のラッパを右隙間にあて、約三〇名が一斉に大声で行い、途中、扉の半分がDスタジオ内に開かれ、騒音が確実に会社の正常な業務遂行を阻害する状態のもとにおいて、被告人ら組合員は、シュプレヒコールを中止するどころか、新たに手拍子を入れて「ガンバロー」の歌を高唱したという積極的な行為であり、到底正常な争議行為とはいえない。

・・・・

2　可罰的違法性について

弁護人は本件行為を可罰的違法性がないと主張しているが、そもそも、違法であるか否かは全法秩序から一元的に解釈すべきで、違法性に段階をつけ可罰的違法とか不可罰的違法とか区別をつけるべきではない。

しかし、たとえ可罰的違法性論をとるとしても、本件行為は可罰的違法性阻却の要件を充足していない。すなわち、同要件とされているものは①被害の軽微性、②目的の正当性、③手段の相当性であるが、本件において被害の軽微性、手段の相当性がないことは前述したとおりである。しかも、被告人らには、本件行為によらなければ救済できない差迫った危険にさらされた権利があったと認められず、争議手段としては、本件行為以外の方法で会社に対抗することが十分できたと考えられる。

ただ、本件において、Ｄスタジオ内および放送そのものに騒音が最も大きく入ったのは、午後一時六分ごろから同八分ごろまでのＤスタジオ西側出入口扉の北半分が大きく開かれたままの状態の時であり、この扉を開いたものが誰であれ、開いたまま約二分間放置しておいた会社側管理職員の態度は強く非難されなければならない。この様な会社側管理職員の非難さるべき行為との対比において、本件行為の違反性についての評価も変化する可能性はある。

しかし、右扉の開かれた後の被者人ら組合員の行動を見ると前述したように、扉が開かれた際は、シュプレヒコールを行なっていたが、扉が大きく開いたことによりこれを中止し、あるいは遠慮して声が小さくなるどころか、新たに「ガンバロー」の声を手拍子を入れて合唱しているのであり、被告人ら組合員において扉が開かれたのをさいわい、本件番組の放送を妨害しようとする積極的な意図が認められ、また扉が開かれていたのは六分五五秒（被告人らが騒音を発していたのは約八分三〇秒）の騒音混入時間のうち約二分間にすぎず、残りの約五分間は、管理職員が必死になって騒音混入を防止しようと努力している際、携帯拡声器などを使用して騒音を混入させたもので、その騒音の程度も可成り高く、著しく番組運営の円滑および放送効果を傷つけたことは明らかである。したがって前述のような会社側管理職員の非難さるべき行為があっても、到底被告人らの本件行為の可罰的違法性は阻却されない。

六　責任（故意）

1　生放送中であることの認識

被告人の中には、Dスタジオ西側出入口の外での抗議行動中、「ママの育児日記」番組の生放送中であることを知らなかった旨主張するものもいるが、これは言い逃れの弁解にすぎない。そもそも、本件抗議行動は、組合側のストライキやDスタジオ東側出入口、Dサブのピケにもかかわらず管理職員が、Dスタジオのカメラを使用できないとわかると隣接するCスタジオからカメラを持ち込んで、あくまで「ママの育児日記」番組の生放送を強行しようとしたことが原因で、抗議行動の対象は、右管理職員であり、その目的は、生放送の阻止である(茨木宏、仁科聡の各証言、被告人木口一康、同小阪信夫、中山一雄、同北岡優の各当公判廷供述、あるいは検調、警調)。したがって、被告人ら組合員は、自らの行なう抗議行動が、相手方である管理職員に如何なる影響を与えるか、すなわち、相手方管理職員は、現在何を行っているのか、特に生放送中であるか否かについて十分考えをおよぼしたはずである。

一方、抗議行動の経緯をみると、放送開始の五分ないし一〇分前にCスタジオからカメラが持ち込まれた(山崎明、小西朝生の各検調)のであるが、これを見たDサブの組合員の中から、カメラを一台しか使用せず、Dスタジオ西側出入口の扉が右カメラケーブルのため締まらないという不完全な状態での放送に抗議しようという意見が出て、茨木宏中斗委が中継車付近の組合幹部と協議し、午後一時三、四分前ごろ、Dスタジオ西側出入口で抗議することに決った(茨木宏証言)のであり、それから右出入口に行って、三、四〇名の組合員がそろってからシュプレヒコールなどがはじめられたのであり、その始った時間は、放送開始ごろであり(内田安雄の検調、岸辺順一の証言)、かつ組合員が本件抗議行動をとっていた時間は、八分三十秒間の長きにわたっている。したがって、一秒の時間もゆるがせにできない仕事をしている放送マンの被告人らは、前記のような抗議の目的とこの時間的な関係から、当然生放送中であるということを十分認識して抗議行動を行なっていたと認められる。

また、放送マンであれば、扉が閉められている状況、内側から扉が外に向け押されており、隙間にカーペットを当てている状態から生放送中であることは当然認識し得たはずであり、証人茨木宏、同仁科聡もこの状態から生放送中であると思った旨証言している。そして、組合員らのシュプレヒコール中に「放送をするな」という趣旨の言葉がある(仁科聡の証言、録音テープの初めの方アナウンサーの「子供の成長を願う母の心を……」の言葉に続いて「つまらん放送はやめろ」のシュプレヒコールがある)ことは、被告人ら組合員のこの点に関する認識を雄弁に物語っている。

さらに、被告人中山一雄、北岡優については、両人はDサブにおいて、モニターで放送開始、Dスタジオ内放映を確認しており、(被告人中山一雄の検調、警調、被告人北岡優の検調、警調)両名に生放送中の認識があったことは、疑う余地がない。

被告人木口一康、同小阪信夫について証拠をみると、被告人木口は「ドアがパッと開いたのを見てびっくりしました。ああこれは放送やめているなと思った」旨、被告人小阪は同様、扉が開いてビックリした旨当公判廷で供述している。ところで、ビックリしたのは、放送中に扉が開くということが起ったからであり、放送中でなければ扉が開いても何らビックリすることはないのである。すなわち、放送中であることを認識していたことを自ら供述しているのである。被告人らが、扉の開かれた時感じた気持を素直に表現した時、はからずも自己の真意を表明したものといえる。

2 騒音がDスタジオ内に入り放送される認識

この点に関して、被告人および弁護人ともさすがに気がひけるのか、明らさまに否定せず「防音シャッターが故障していたことは知らなかつたので、放送にどの程度この抗議行動が影響を与えるか、確定的な予想はなし得なかった」とか「抗議行動が管理職員に対し、何らかの反省の契機を与えるであろうこと、管理職員が自らの放送を自発的にやめるであろうことを抗議に参加した組合員は、期待していなかったことはないであろうが、このことと、業務を妨害する犯意とは、自ら区別されうることがらである」と苦しい弁解をしている。しかし、これらの弁解はいずれも次にのべるところによって認められない。

そもそも、組合の本件抗議行動は、前述したように、管理職員が組合員のストライキ、Dサブ等のピケにもかかわらず、Cスタジオからカメラ一台を持ち込み、そのため、Dスタジオ西側出入口扉が締らないという不完全な状態で生放送を行ったことによるもので、その対象としているものは、Dスタジオ内の本件生放送番組に従事している管理職員であり、本件抗議の終局の目的は、本件生放送の阻止にあったのである(茨木宏、仁科聡、石田俊三の各証言、被告人木口一康、同小阪信夫、同中山一雄、同北岡優の当公判廷供述および検調、警調)から、右管理職員が生放送を中止する程度の力をもったシュプレヒコール、労働歌の合唱をDスタジオ内に入れる必要があったのである。

被告人ら組合員に右に述べた意図があったことは、以下述べる事実からも明らかである。すなわち、

① まず、被告人ら組合員は、本件現場のDスタジオの扉がケーブル巾だけ(約二糎)開かれていることを知っていたこと、(被告人木口一康は、中継車のところで茨木宏中斗委より「管理職員がCスタジオからカメラ一台を持ち込んでDスタジオ西側出入口の扉が完全に締らない不完全な状態で放送を強行しようとしているから、同所で歌やシュプレヒコールで抗議したい」というDサブピケ員の意見を聞いており(茨木宏証言)、木口自身も「ケーブルがかんでいるということは聞いていたので扉が開いていたのは知っていた」旨当公判廷で自供し、被告人小阪信夫も「大道具側入口(Dスタジオ西側出入口)にケーブルがかんでいるのは記憶しています。扉は密閉できない状態になっていた」旨当公判廷で自供し、被告人中山一雄は昭四〇・八・一〇付検調で「人垣をかきわけて前列へ出ると、入口扉がケーブルの関係から完全に締らないことがわかった」旨自供し、被告人北岡優も、昭四〇・八・九付警調で「Dスタジオの扉はCスタジオから引かれたケーブルのため隙間が開き、扉は完全に締らず、上の方まで二糎のスキが続いていた」旨自供している。)

② 次に、被告人ら組合員がDスタジオ西側出入口を抗議の場所と選定したことである。これは同出入口の扉がケーブルの巾だけ開いているため、同所で抗議行動を行えばDスタジオ内の管理職員に聞えると考えたからであり、もし被告人ら組合員がDスタジオ管理職員に聞か

せることを目的としないのであれば、わざわざ抗議の場所としてDスタジオ西側出入口を選ぶ必要はなかったからである。

③ さらに被告人ら組合員がDスタジオ内の管理職員に聞かすべく扉の外からDスタジオに向け、大声でシュプレヒコールを行い、労働歌を合唱するなどし(裁昭和四二年押七号符三号録音テープ岸辺順一、茨木宏、仁科聡の各証言)、しかも、その際、携帯拡声器を使用し(被告人全員の自供、茨木宏、仁科聡の各証言)、その拡声器のラッパを右扉の隙間にあて、内側からラッパの部分をカーペットで押えようとしているのを避け、ラッパを上下に移動させていること(仁科聡、岸辺順一、東良男の各証言)から、被告人ら組合員が、わざと、シュプレヒコールや労働歌などの大きな騒音をDスタジオ内に入れ、生放送に支障を与え、これを中止させようとしていたことは明らかである。

また、Dスタジオ内管理職員が、被告人ら組合員のシュプレヒコールや労働歌の合唱の騒音がDスタジオ内に入るのを防止するため、扉を強く外側に押し、(岸辺順一、茨木宏の各証言)扉の隙間に長さ二米、幅一米位のカーペットを当てて騒音の侵入を防いでいる(岸辺順一、東良男、茨木宏、仁科聡、長岡孟の各証言、内田安雄の検調、被告人北岡優の昭四〇・八・五付検調)ことは、被告人を含む組合員のシュプレヒコールや労働歌の合唱が、Dスタジオ内に入り、それが生放送実施にあたって看過し得ない程度に大きく、生放送にたずさわっている管理職員および生放送それ自体に大きな障害を及ぼしていることを推認させる事実であり、この状態を認識していた被告人らは、右障害の程度についての認識が十分あったものと認められる。

管理職員が扉の隙間にカーペットを押し当てていたことに関する各被告人の認識を検討すると被告人北岡優の検調、警調以外は、いづれもこの点を否定している。しかし、被告人らとともにその場にいた被告人北岡、証人仁科、同茨木等において、このカーペットの件は、等しく認識しているところであり、茨木の位置も前列から二列目にありながら、これを認識しているなどの事情を考えると、終始、本件現場にあって、マイクで音頭をとっていた被告人木口が認識していないとは、到底考えられないところであり、被告人小阪についていえば、同人は仁科聡の北隣に位置している(裁押七号符四号ポラロイド写真原板)のであり、同人は他の組合員に比して一段背が高く、かつ、扉の隙間と正対する位置におり、右仁科が認識しえたカーペットの状態を被告人だけが知らないとするのは、納得できない。しかして、被告人中山についても同様で、同人はやや遅れて現場についたとはいえ、組合員の最前列で、しかも扉と扉との間であり、隙間が最もよく見える位置にいたのであり、カーペットの点に関しても十分認識があったと推認し得る。

以上の理由により、被告人および弁護人の弁解は、被告人らの抗議行動の目的、手段、本件現場における状況からみて、きわめて奇妙で理屈に合わないものと言わなければならない。

次に、被告人および弁護人の弁解の中に「生放送中は、Dスタジオ西側出入口の扉の内側にあるシャッターが降ろされることになっており、当時シャッターが故障して降りなかったことについて被告人らは知らず、したがって、本件抗議行動が放送に如何なる影響を与えるか認識していなかった」というのがある。しかしこの弁解は次にのべる事情から全く理由がない。

すなわち、本件抗議行動を起すに至った経緯をみると、Dサブにいた被告人中山一雄、同北岡優および組合員茨木宏、仁科聡がCスタジオからDスタジオにカメラ一台が持ち込まれ、そのカメラケーブルのためDスタジオ西側出入口が締らず、不完全な状態で管理職員が放送しようとしているのをみてこれに抗議しようとしたのであり、被告人ら組合員が不完全と判断したのは、Dスタジオ西側出入口扉が締らない状態でり、彼らはその際、シャッターの存在さえも意識しておらず、まして放送がはじまればシャッターが締まるのは当然であるなど全く考えてもいなかったのである。もし、それを考えておれば、Dスタジオ西側出入口扉が締らない状態をみても不完全とは判断できないことになる。また、これはDサブでこの状態を見ていた茨木宏中斗委より、Dサブからみた状況の説明をうけた被告人木口などについても言えることで、同人は茨木中斗委よりCスタジオから持ち込んだカメラケーブルによりDスタジオ西側出入口の扉が締らない不完全な状態で放送を強行しようとしているとの説明をうけている(茨木宏の証言、被告人木口一康の当公判廷供述)のであるから、その認識はDサブにいた被告人中山一雄、同北岡優、組合員茨木宏、仁科聡らと同様である。

しかも、前述のように被告人ら組合員は、管理職員に対して抗議する目的で、シュプレヒコール等をDスタジオ内に入れ、その終局目的は放送を中止させることであり、前記カーペットについての認識などをみても、到底被告人らがDスタジオ西側出入口の内側にシャッターがあり、それが降りていたと思ったというが如き弁解はなし得ないといわざるを得ない。思うにこのシャッターの点についての弁解は、後で思いついた言い逃れの弁解にすぎない。

また、たとえ被告人および弁護人の弁解が全て認められるとしても、Dスタジオ西側出入口の扉が大きく開いた後の被告人らの行動について如何に弁解するのであろうか。扉が開いたから放送が中止になったと思った。したがって何ら放送の妨害になるとは思わなかったというが如き弁解は、証人仁科聡の「扉がパッと開いた時は放送が中止になったかと思ったが中止になった状況がなく、管理職は真剣にやっていましたから放送は続いていると思いました」旨の証言により全く採用することができないことは明らかである。しかも、裁昭和四二年押七号符三号の録音テープによると扉が開かれた際は被告人ら組合員は、シュプレヒコールを行っていたが、扉が開かれるや、被告人ら組合員は新たに「ガンバロー」の歌の合唱をはじめている。被告人ら組合員が、扉が開かれ、内部の放送状況について認識したあと、新たに歌を合唱するという行動をとっているというところに、被告人ら組合員の業務妨害の積極的意思があることを認めることができるのである。

そして、被告人中山一雄は、昭和四〇・八・一〇付検調で「私はDサブにいた時すでに「ママの育児日記」の本番が始っているのを自分の目で見ており、他の組合員も時間などの関係から「ママの育児日記」の生放送中であることは十分知っていたはずですから、ドアの隙間から労働歌等の雑音を入れることは、会社側の放送業務を妨害することになるし、放送人として、視聴者に対して誠に申訳ないという気持が働いていた……」、あるいは昭四〇・

八・一〇付検調(五枚分)で「ドアが完全に閉まらないで隙間ができているような時、マイクを使ったり、労働歌を歌えば、生放送にノイズが混入して会社の仕事の邪魔になることはよく判っていました」旨自供し、被告人北岡優は、昭四〇・八・九付警調、昭四〇・八・九付検調で「私は歌を歌うことにより進行中の「ママ育」に私達の声が扉の隙間から入ることが一応予想された」旨自供し、被告人小阪信夫は、当公判廷において「スタジオの中には声(被告人ら組合員のシュプレヒコールや歌)は入るだろうと思いました」とのべ、検察官の「シュプレヒコールなり歌なりが、マイクに拾われるということは予想できたんじゃないでしようか」との質問に対し、「そういう予想はできなかったんです。必ず拾われると」と答えており、マイクに入り放送される可能性があったことを言外に認めており、いづれも本件故意を自供している。

七　情状および求刑

犯情については、すでに述べたように放送関係者である被告人らが、放送に騒音を混入させた行為は、非常識極まるものでその責任は重い、とくに被告人木口一康は、組合の執行委員兼中央斗争委員で、本件犯行の最高責任者と認められ、同被告人の行為も、終始マイクを使用してシュプレヒコールや労働歌の音頭をとり、現場における指導的役割を果しているのである。しかも、騒音中この拡声器によるものが、大きな役割を果したと認められるから同被告人の刑責は重い。

また、被告人らは、現在に至るも会社側管理職員を非難するばかりで、全く反省の色が見うけられない。

五、　裁判

よって相当法条を適用のうえ
被告人木口一康に対し　懲役六月
被告人中山一雄に対し　懲役四月
被告人北岡　優に対し　懲役四月
被告人小阪信夫に対し　懲役四月
各処するを相当と思料する。

4　一審判決抜粋

主　文

被告人四名はいずれも無罪

理　由

第一　公訴事実

・・・・・・組合員多数がDスタジオ副調整室を占拠したため、管理職員による同室の機械操作が不能となりDスタジオのカメラを使用して放送することができなくなったので、急遽隣接のCスタジオのカメラ一台をDスタジオに運び、Cスタジオのケーブルを Dスタジオ西側出入口からDスタジオ内に引き入れて右カメラに接続し、前示生放送を実施しようとしたところ、被告人らは右放送を妨害しようと企て、他多数の組合員らと共謀のうえ、同日午後一時頃Dスタジオの西側出入口の外側に押しかけ、右のように会社側がDスタジオの外側からケーブルを引き入れたため出入口の扉を完全に閉鎖することができず扉に隙間ができていたので、その隙間からDスタジオ内部に向け、さらに出入口の扉を押し開けて同スタジオ内部に向け、前後約六分五五秒間にわたり携帯マイクを用いて労働歌を高唱し、「団交を開け」などシュプレヒコールし、あるいは手を叩くなど気勢をあげて騒音を発し続け、よって前示生放送実施中のDスタジオ内マイクを通じて右騒音を生放送の音声に混入させ、もって威力を用いて会社の業務を妨害したものであるというのである。

第二　争議の経過（省略）

第三　「ママの育児日記」放送に対する抗議行動（被告人らの行為）

・・・・・・本件番組の放送責任者である芦田次長は、D副調整室でカメラ操作を行なうことができず、そのためDスタジオのテレビカメラを使用できなくなったため、いったんは本件番組の生放送をあきらめ、これにかえてフィルム映画を放映することに決め、近くの大道具製作会社事務所から電話でこの旨を放送本部に連絡したのであるが、Dスタジオに戻る途中CスタジオのＣ出入口扉が開いているのを見て、CスタジオからDスタジオにテレビカメラを持ち込んで本件番組の放送を行なうことを思いつき、Dスタジオに戻るやいなや東良男制作局次長ほか管理職員と相談のうえ、CスタジオからテレビカメラをEち込んでカメラ操作はC副調整室で行ない、音量調整と照明はD副調整室で山崎副部長と小西課長が担当し、総合調整は第一副調整室で行なうこととし、組合員に感付かれないように放送のはじまる直前頃にテレビカメラを持ち込むことに取り決めた。そして午後〇時五〇分頃、芦田次長、岸辺部長、兼山副部長、吉川課長、桂課長および杉本敏也制作管理部副部長らがCスタジオからテレビカメラ一台をDスタジオ西側出入口よりDスタジオ内に持ち込んだが、当然にカメラケーブル(直径約一、一糎)がDスタジオ西側出入口扉にはさまってその分だけ隙間を残し、扉は完全に閉鎖しない状態になった。Dスタジオ西側出入口扉の内側には防音シャッターの設備があり、放送中はこれを降ろすことになっていたが、当時右シャッターは故障のため下降不能で、あけられたままになっていた。なお、本件番組の放送にはテレビカメラ三台の使用が予定されていたが、一台しか持ち込まなかったのは、付近に三台分の、カメラケーブルがなく、これを他から取り寄せる場合には組合員に感付かれ、かえって妨害を受ける虞れがあると判断したためであった。

右のようにして、管理職員がテレビカメラを持ち込むのをD副調整室から目撃した組合員は、管理職員が組合員の行なう放送業務を代替して行なうことによってストライキの効果を減殺しようとし、しかも十分なリハーサル等もなく僅か一台のテレビカメラで、スタジオ西側出入口扉に隙間をつくったままの状態で放送を強行しようとするのに対して抗議することに話しをまとめ、その場にいた茨木中央斗争委員が放送中継車前のピケット現場にいた石田中央斗争委員長に対し、管理職員による右の代替行為を報告するとともに組合員の抗議の要望を伝えた結果、同委員長は本件放送を中止させるためにDスタジオ西側出入口前で抗議行動をとることに決め、これを受けた各中央斗争委員が放送中継車前に集っていた各職場の組合員に対してDスタジオ西側出入口扉前に行くよう指示した。

・・・・

一方、放送を実施中の管理職員はこれに対処するため、スタジオ内の東次長、岸辺部長、南副部長、柴田真二郎制作局副部長らが扉の隙間にカーペットを押しあて組合負の音声が侵入するのを防ごうとしたが、組合員がスピーカーを上下に動かすのでこれを追ってカーペットを動かし、運搬車などを使って扉が開かないようにおさえ、また和田ディレクターがアナウンサーに対し卓上マイクにかえて手持ちマイクを口許に近づけて使用するように指示し、さらに第一副調整室の竹田副部長に指示してバック音楽を入れさせ、右の音声をできるだけ消そうとした。以上のようにして、組合員の労働歌やシュプレヒコールが放送に混入したのは、本件番組のコマーシャルが終った直後の午後一時一分三〇秒頃から午後一時七分五〇秒頃までの約六分二〇秒間であり

・・・

第四　Dスタジオ西側扉の開閉について

・・・

扉は前後二回開かれたものと認めるのが相当である。

・・・

証人岸辺は当初捜査官に対して自分が扉を開けたことを秘し組合員が開けたと供述していたことが同人の証言によって認められ、また証人多田も労働委員会に証人として出頭した際には、自分がスタジオ内に入ってから扉は四五度位閉ったと証言していたにもかかわらず、法廷ではこれを翻して八割位閉った旨供述したことが同人の証言によって認められるのであるから、このように証拠が錯綜している場合に右のような事情を有する者の供述を直ちに信用することはできないし、しかも右両名とも組合員が扉を押しあける瞬間を現認したわけでもないのである。さらに、前示現場写真四枚、押収してあるポラロイド写真原板から窺われる組合員の位置、態勢および扉の大きさ、重量等のほか、扉が開かれたときの組合員の位置関係についての証人岸辺の供述等を考察してみると、

証人多田の供述するように八割がた閉った扉を組合員が九〇度近くまで押し開くということは、たやすく理解できないところである。

・・・

証人岸辺、同仁科の供述によって、組合員のなかに管理職員が扉の隙間にあてたカーペットを抜きとった者のある事が認められるにしても、それ以上に組合員が扉を押していたと明言するのは証人岸辺の供述以外にはなく、しかも扉が開かれる直前に組合員の最前列で暫時組合員とマイクの線のとり合いをしたという証人多田にしても、そのとき組合員が扉を押していたとは供述していないのであって、これらの点から見ると証人岸辺の右供述を採用するには多分に躊躇せざるをえず、いずれにしても組合員が扉の外側からこれを押していたと認めるに十分な証拠は存しない。

・・・

カメラを携えてかけつけた多田副部長がＤスタジオ西側出入口扉を人ひとり通れる程度に押し開けて、スタジオ内に入り、これを岸辺部長が一旦閉めた後間もなく写真撮影のために扉を再び七、八〇度ぐらいに開き、多田副部長が右カメラで組合員の抗議状況を撮影したものと認めるのが相当であり、Ｄスタジオ西側出入口扉の開閉は管理職員によって行なわれたものと認定すべきである。

・・・

第五　被告人らの構成要件該当性

・・・・

被告人らの行為はいずれも威力業務妨害罪の構成要件に一応該当するものと認められる。

・・・

第六　被告人らの行為の正当性

・・・・

さきに認定した本件行動の目的は争議行為の目的として正当なものであるということができる。

・・・・

つぎに被告人らの行為の態様について考察する。ピケットの手段、方法についてそれが許される限界に関しては争いがあるが、ストライキは使用者に対する集団的労務提供拒否をその本質とし、憲法の保障する労働基本権にもとずく争議手段であることにかんがみると、暴力の行使をともなう場合や使用者の財産権に対し直接著しい侵害を与える場合、さらには使用者が自らまたは他に労働力を求めて業務を継続しようとし、これに応じて就労を希望する者に対し実力を用いて一方的かつ完全にこれを阻止すること等は、ピケットの手段方法として許されるものではないが、使用者側や説得の相手方がかたくなに組合側の要求に応じない場合、またピケ破りのために暴力が用いられるような場合等にも穏和な説得にとどまるべきものとすれば、組合は説得の機会すら失いストライキの失敗を坐視するほかなく、かくては憲法の保障も有名無実に帰することが明らかである。したがって、右のような場合には、少なくとも説得の場を確保するために暴力の行使にいたらないかぎりある程度の実力的行動に出ることは必要やむをえない処置として容認されるものといわねばならず、これを要するに、説得という以上それは平和的穏和的なものにかぎられいかなる場合にも一切の有形力の行使が許されないというような観念的固定的な解釈によるべきでなく、すべからく争議の経過、状況およびピケットの対象と相手方の態度等諸般の事情を総合考慮したうえで説得行為の許される限界を決すべきものである。

右のような立場から本件をみると、・・・・いまだ防衛的消極的性格を失わないものというべきである。

つぎに、被告人らの本件行動が放送に与えた影響、すなわち放送に混入された騒音の程度について考察する。押収してある録音テープ一巻によると、本件放送に騒音が混入したのは、すでに判示したとおり約六分二〇秒間であるが、騒音の程度は扉が開閉された前後の約二分間が著しく、その間はアナウンサー、出演者らの声が聞きとりにくいほどであるが、それ以外の部分ではやや耳障りであるがアナウンサーらの音声は明瞭に聴取できるのである。そして、扉の開閉が管理職員によって行なわれたものであること、管理職員がカメラケーブルのため扉に隙間を残したまま、しかも防音シャッターが故障のため降りない状態において放送を強行したこと等、会社側のきわめて非常識で軽卒な措置に加えて、騒音を消すために加えられたにしてもバック音楽の音量が放送を聞きとりにくくしていることも否定できないこと等を考慮すると、本件放送に対する騒音の混入によって会社の受けた損害がすべて被告人らの本件行動によるものということはできず、本件行動による影響は軽微なものということができる。

第七　結　論

右のとおり、被告人らの行為は、その目的、態様その他諸般の事情に照らし正当な争議行為と認められるので実質的違法性を欠くこととなり、被告人四名について多数の組合員との共謀による威力業務妨害罪は成立しない。したがって、被告人四名に対し刑事訴訟法三三六条によっていずれも無罪の言渡をする。

5　控訴審判決（要点抜粋）

昭和四七年一月三一日宣告　裁判所書記官　×　×　×

昭和四五年（う）第×××号

判　決

（本籍、住居、氏名、生年月日省略）

右の者らに対する各威力業務妨害被告事件について、昭和四五年四月四日××地方裁判所が言い渡した判決に対し、検察官から控訴の申立があったので、当裁判所は次のとおり判決する。

検察官　×××××　出席

主　文

本件各控訴を棄却する。

理　由

本件各控訴の趣意は、××地方検察庁検察官×××××作成の控訴趣意書に記載のとおり（注釈省略）であり、これに対する弁護人らの答弁は、弁護人大林努（以下四名の氏名省略）作成の答弁書記載のとおりであるのでこれを引用し、これに対する当裁判所の見解は次のとおりである。

・・・・

控訴趣意第二、ピケッティングの正当性に関する法令解釈の誤りの控訴趣意について。

…しかしながら原判決は、右一般論を本件に適用するに当たり、右後段の如く本件の管理職員の就労を臨時に雇われたキャップに近いものと認定したうえ、これらの者が遂行しようとした会社の業務遂行々為に対する被告人らの本件行為を正当な争議行為と判断したのは誤であることは後記のとおりであるけれども、この事実誤認及び法令の解釈適用の誤は判決に影響を及ぼすものではなく、論旨は理由がない。

・・・・

控訴趣意第三、本件行為を正当な争議行為とする事実誤認及び法令解釈の誤りについて。

…等のシュプレヒコール、労働歌の高唱に終始して放送中止の説得らしい行為は認められないこと、はいずれも所論のとおりである。しかしながらさらに子細に検討すると、被告人らはDスタジオの西側出入口扉の外側において、電気マイクを使用したとはいえ、シュプレヒコール、労働歌の高唱、拍手などをしたに過ぎず、右扉はカメラケーブルがはさまっていた関係上密閉せず、これを押し開けようとすれば容易に開けられたのにその様な行為やDスタジオ内に乱入して放送を妨害しようとしたことも全くなく、多田副部長が被告人らの群の中を通って室内に入るのを妨害しておらず、写真撮影のため内部から扉が開かれた際にも室内に立入ろうとせず、その他原判決がいうように電源を切るというような、より確実な放送阻止の行為にも出ず、約六分間余の後には組合員の自発的意思により本件行為を中止してその場から立去っており、管理者側も被告人らの本件行為によって放送業務を妨害される結果になったとはいえ、放送を最後まで遂行できたこと等の事実も認めることができる。これらの諸点を総合すれば、当初D副調整室を占拠してその施設を使用不能とした点から見れば、組合側は管理職員による本件放送を実力行使によって阻止しようとしたものとの疑が強いけれども、被告人らの本件行為のみを取上げて考えれば、むしろ、生放送に騒音が混入することを認容しながら、Dスタジオ内の管理職員に対し代替就労による放送遂行に対する抗議をなし、放送の続行を断念させることを目的とする示威行為であったとみるのが相当である。原判決が説得行為であると表現しているのはその措辞やや適切ではないけれども、結局そのいわんとするところは右趣旨であるものと解せられる。そして組合員がストライキを行なった際管理職員の代替就労により放送業務を行なうことは従来行なわれていたことであり、本件においても当初本件放送要員が職場を離脱する際管理職員に事務引継をし、又居合わせた組合執行委員もこれに対し何等の申出をしていないことから見れば、この時期においては組合側は未だ管理職員による本件放送を実力で阻止する意図はなかったものと考えざるを得ず、従てD副調整室の占拠はその後に決定されたものと認めざるを得ないが、その様な決定がいつどこで行なわれたか、或はこれに被告人らが関与したか否か等の点は、本件起訴の範囲外でもあり、証拠上もこれを確認する資料はない。そうすると被告人らの本件行為はそれだけのものとして考えざるを得ないし、その範囲では組合員の労働条件の改善を要求してなしたストライキが管理職員の代替就労によって実効を失うのを防止するため、当該管理職員に対し、放送の続行を断念させることを目的とするものであって、争議行為の目的として正当なものであるということができる。原判決には所論のような事実誤認はない。

・・・・

…検察官は右扉が管理者側によって開かれたとしても本件犯罪の成否に関係はないと主張するけれども、管理者側が、証拠保全のためとはいえ、自ら放送中のスタジオの扉を開けたという事実及びその行為がその間の騒音の混入を著しいものにしたという事実は、後記のように本件行為の違法性の判断についての重要な要素の一であることは否定できないのであって、所論には賛成し難い。なお検察官は被告人ら組合員が扉を外側から押して扉の隙間を拡げていたと主張するのであるが後記のとおりかかる事実は認められない。

・・・

…前記の本件経過から見れば、これら管理職員はすでに完全に会社側の傘下に入り、会社側の指示に従って就労する意思を明確にし、平穏に就労していたのであるから、前記のような管理職員増員の事情や、管理職員の代替就労によって組合のストライキの効果が減殺されていることを参酌しても、これら管理職員に対する抗議行動であるとはいえ生放送に騒音を混入させて会社の業務執行を妨害するが如き実力行使は行き過ぎであり、その態様において正当な争議行為ということはできない。殊に放送業務(本件は生放送であるから特に)は騒音の混入を嫌うものであり、又一旦業務を開始した後は一時休止の許されない業務であり、放送局に勤務しその様な事情を十分知っている被告人らの行為としては、説得と云うよりはむしろ実力による妨害行動と評価せざるを得ない。

この点に関する所論は正当であり、被告人らの本件行為をその態様においても争議行為として許される旨の判断をした原判決は、誤であるといわなければならない。

・・・・

…五〇万円という額の妥当性について疑問が残るとしても、会社が相当な理由なくして損失を補償するものとは考えられず、会社は右放送の質的低下によって五〇万円前後の損害を蒙ったものと認めて差支えないものと思われ、会社の蒙った損害は大きいものといわなければならない。しかしながら右損害の中、予定された人形劇を中止したり、カメラを一台しか使用できなかったりしたことによる損害は予定された放送要員が職場を離脱したり、多数の組合員がD副調整室を占拠し、これを使用し得なくなったことに基因するものであり、組合としての責任を問われることは格別、被告人らの本件行為に因るものとは云えないし、最後の数分間の騒音の混入も同様であって、結局被告人らの本件行為によるものはアナウンサーや出演者に与えた前記の心理的影響と右放送開始後の六分余の騒音の混入だけであり、しかも右騒音混入のうち特に騒音の著しい約二分間はその騒音の程度内容からみて管理職員が組合対策のため、一時本件放送を儀牲にしてでも証拠保全をはかるため扉を開き、開放したままにしておいたことが大いに加功しているのであって、その前後も会社側のバックミュージックのいれ方の不適切であったことが影響しており、結局、被告人らの本件行為自体によって放送に与えた影響、したがって会社の損失はこれら直接の原因とならない諸点を除けば軽微なものと考えて差支えない。所論はさらに会社は信用失墜という無形の損失を蒙ったと主張し、右のような質の悪い放送が会社の信用を失墜したことは否定し難いが、右に述べたと同じ理由で、そのうち被告人らの本件行為に基因するのは軽微であると考えられる。そうすると、被告人らの本件行為の結果、放送に及ぼした影響及び会社に与えた損害は軽微であると認定した原判決の判断は相当である。

・・・・

当裁判所の見解

原判決の説示中、第二争議の経過、第三「ママの育児日記」放送に対する抗議行動、第四Dスタジオ西側出入口扉の開閉について、第五被告人らの行為の構成要件該当性、の各項記載の点は、前示説明と矛盾する点を除き、いずれも相当と解すべきであり、これと前示説明とを総合すれば、被告人らの本件行為は刑法二三四条の威力業務妨害罪の構成要件に該当するものといわねばならない。そして構成要件に該当する以上、被告人らの行為の実質的な違法性及び責任性は一応推定せられるところであるけれども、さらにその程度につき検討する。

まず本件行為の態様は前記のとおり争議行為として許される範囲を逸脱したものと解すべきであるがその実質は、閉鎖された扉の外側で、カメラケーブルによって作られた隙間を利用して、約六分間にわたり、被告人らを含む約四〇人の組合員が、電気マイクを用いてシュプレヒコール、労働歌の合唱、拍手等を行ない、出演者やアナウンサーに心理的な悪影響を与え且その騒音を放送に混入させて同放送の商品価値を低下せしめたに止まり、それ以上に進んで放送中のスタジオ内に乱入して放送を妨害するとか、電源やカメラケーブルを切断するなどして、放送を全面的に阻止する行動には出ておらず、結局被告人らの本件行為の前後を通じて本件放送は中断されることなく最後まで遂行されたことが認められ、又これにより会社側の被った損害額は総計五〇萬円であるとしても、その中には、本来の放送担当員が組合のストライキ決定により職場を離脱したこと、多数の組合員がD副調整室を占拠したためDスタジオの三台のカメラが使用不能となったこと、或は放送末期における雑音の混入など、本件起訴外であり、被告人らの責に帰し得るか否かも不明の行為に基因すると認められるものが相当あり、且それが大きな部分を占めると解すべきことは前説明のとおりであり、且つ、被告人らの行為による雑音混入の点も、その一部はスタジオ内部から管理職員により扉が開かれたことにより被害が増大していることは前説明のとおりであるから、結局被告人らの本件行為のみによる損害は比較的軽微なものと認められる。他方被告人らの本件行為の目的は前記のとおり、組合のストライキの実効を確保するため、管理職員が本件放送を代替執行しようとすることに抗議し、放送を断念させようとして行われたもの、即ち組合の争議行為中にその一環として行なわれたものと認むべきであって、その手段方法において争議行為として許される範囲を逸脱していることは前記のとおりであるが、その目的は正当なものと解すべきであり、又本件行為は組合や被告人らにおいて予め計画されたものではなく、管理職員が隣のCスタジオからカメラ一台をDスタジオに搬入しこれを使用して放送を強行しようとするのを目撃して、突発的に決定し行なわれたものであり、平素放送業務に従事しその特性を十分知っている被告人らの行為としては、いささか思慮に欠け且思い上った行動と認めざるを得ないが、一方前記のとおり、会社側が従来から組合対策として管理職員を増加して組合側のストライキの実効を失わしめて来た経緯を考慮すれば、これら管理職員の代替就労によりストライキの実効が失われようとしているのを眼前にした場合、これに対抗して突発的に行なわれた行為として有恕すべき事情も認められる。これらの諸点を考慮すれば、被告人らの本件行為の実質的な違法性、責任性は軽微なものと解せざるを得ず、これに因り民事的な責任を問われるのは格別、法律秩序或は社会的常規を著しく逸脱したものとして刑罰を以て臨まねばならぬ程のものとは認められない。原判決はこれとはやや理由を異にするが、被告人らに刑罰を科すべきではないとした結論は結局相当であり、本件控訴は理由なきものといわざるを得ない。

よって刑事訴訟法三九六条により本件各控訴を棄却すべきものとし、主文のとおり判決する。

昭和四七年一月三一日

××高等裁判所第×刑事部

裁判長裁判官　××××

裁判官　××××

裁判官　×××

同日同庁

裁判所書記官　×××

6　最高裁判決

昭和四七年(あ)第××××号

判　　決

(本籍、住居、氏名、生年月日省略)

右の者らに対する威力業務妨害各被告事件について、昭和四七年一月三一日××高等裁判所が言い渡した判決に対し、検察官から上告の申立があったので、当裁判所は、次のとおり判決する。

主　　文

原判決及び第一審判決を破棄する。

被告人四名をそれぞれ罰金一万円に処する。

被告人らにおいてその罰金を完納することができないときは、それぞれ金一〇〇〇円を一日に換算した期間、その被告人を労役場に留置する。

原審及び第一審における訴訟費用の四分の一ずつを各被告人の負担とする。

理　　由

一　検察官の上告趣意のうち、判例違反をいう点は、所論引用の判例はいずれも事案を異にして本件に適切ではないからその前提を欠き、その余は、憲法二八条違反をいう点もあるが、その実質はすべて単なる法令違反の主張であって、刑訴法四〇五条の上告理由にあたらない。

二　しかしながら、所論にかんがみ職権をもって調査すると、原判決及び第一審判決は、以下に述べる理由により、結局、破棄を免れない。

1　本件公訴事実につき、第一審判決は、各被告人について威力業務妨害罪の構成要件に該当する事実を認定したが、被告人らの行為は、目的において正当であり、手段・方法が許される限界内のものであること、本件行動による放送への影響が軽微なものであること、その他諸般の事情に照らし、正当な争議行為と認められ、実質的な違法性を欠いて威力業務妨害罪は成立しない、として各被告人を無罪とした。

次いで、原判決は、第一審判決のした構成要件該当事実の認定を是認し、被告人らの行為は、手段・方法において争議行為として許される範囲を逸脱しているが、その実質が放送の商品価値を低下させたに止まっており放送を全面的に阻止したものではないこと、よって生じた損害が比較的軽微なこと、目的が正当なこと、突発的に行われた行為として宥恕すべき事情もあること等の諸点を考慮すれば、被告人らの本件行為の実質的な違法性及び責任は軽微なものと解せざるを得ず、刑罰をもって臨まなければならない程のものとは認められないのであって、第一審判決の結論は結局相当である、として検察官の控訴を棄却したのである。

2　ところで、原判決が是認する第一審判決が認定した事実の要旨は、次のとおりである。

被告人らは、××××××××××××に本社を設け××××××××××××××××××××××××××に×××××スタジオを有する株式会社××放送の従業員で、××放送労働組合の組合員であり、本件当時被告人木口は組合執行委員で中央闘争委員、被告人中山は中央闘争委員であった。昭和四〇年のいわゆる春闘において、組合は賃上げ、諸手当の増額等労働条件の改善を要求して会社側と団体交渉を重ね、要求実現のためたびたび部分スト、時限ストなどを繰り返していた。その間にあって組合は、同年五月六日正午から午後一時三〇分まで×××スタジオでストライキをすることを決定し、同日正午ころ、午後一時から三〇分間放送が予定されていた「ママの育児日記」（以下、本件番組という。）の放送番組要員である労働組合員が×××スタジオ内Dスタジオの職場を離脱した。会社側の管理職員は、これに代替して右放送を行おうとしたが、多数の組合員がD副調整室に入り込み同室の機械を占拠したためその使用が不能となったので、やむなく隣のCスタジオからテレビカメラ一台をDスタジオに持ち込みC副調整室を使用して放送することとし、そのカメラケーブルを外側から引き入れたためDスタジオ西側出入口扉が完全に閉鎖できないままの状態で右放送を開始した。

これに対し、組合側は右放送を中止させるためにDスタジオ西側出入口前で抗議行動をとることに決し、その指示を受けた被告人ら四名を含む組合員約四〇名が意思を相通じてDスタジオ西側出入口扉前に集まり、同所において一斉に「がんばろう」という題名の労働歌を高唱し、拍手し、「社長団交に出ろ」、「八〇〇〇円よこせ」、「つまらん放送はやめろ」などとシュプレヒコールを始め、被告人木口が、携行していた電気メガホンを用いて歌やシュプレヒコールの音頭をとり、他の組合員がそのスピーカーを扉の隙間に押し当てたりして、本件番組のコマーシャルが終った直後の午後一時一分三〇秒ころから同一時七分五〇秒ころまでの約六分二〇秒間、右生放送に組合員の労働歌やシュプレヒコールの騒音を混入せしめ、もって威力を用い会社の業務を妨害したものである。

3　そこで検討すると、被告人らの本件行為の目的は、労働条件の改善の要求であって正当なものではあるが、行為の具体的状況、態様は、第一審判決の認定するように、被告人らは、争議のため職場を離れた組合員に代って管理職員が予定の放送業務を行っているところに多数の者とともに押し掛け、労働歌を高唱し、拍手し、シュプレヒコールを繰り返し、スピーカーを扉の隙間に押し当てたのであるが、更に原判決の判示するところによれば、その際被告人らは管理職員が騒音の混入を防ぐため内側から扉の隙間に押し当てたカーペットを外側に引き抜くなどしてことさら騒音を生放送に混入せしめ、右の騒ぎのため出演者らは心理的影響を受け、表情を固くし、アナウンサーすらも平常の落着きを失ってその声がうわずるほどであったというのであって、このような被告人らの行為は右争議の目的と掛け離れ、かつ、被告人らのように平素放送業務に従事してその特性を熟知している者の行為としては著しく常軌を逸して相当性を欠き、また、そのような行動に出なければならなかったことを首肯させるに足りる事情があったものと認めることはできない。そうしてみると、被告人らの本件行為は、動機・目的その他原判決の判示する諸般の事情を考慮に入れても、法秩序全体の見地（昭和四三年(あ)第八三七号同四八年四月二五日大法廷判決・刑集二七巻三号四一八頁参照）からして、とうてい許容

・宥恕されるものとはいい難く、刑法上、違法性及び責任を欠くものではないというべきである。従って、本件行為は実質的な違法性及び責任が軽微なもので刑罰をもって臨まなければならない程のものとは認められないとして、各被告人に対し無罪を言い渡した第一審判決の結論を相当であるとした原判断には法令の違反があり、これが判決に影響を及ぼし、原判決及び第一審判決を破棄しなければ著しく正義に反するものであることは明らかである。

4　よって、刑訴法四一一条一号により原判決及び第一審判決を全部破棄し、直ちに判決することができるものと認めて、同法四一三条但書により被告事件について更に判決する。

第一審判決の理由第三、第四及び第五において挙示する各証拠により認められる前記二2の事実に法令を適用すると、被告人らの行為はいずれも刑法六〇条、二三四条に該当するので同法二三三条（同法六条、一〇条により罰金の多額及び寡額は昭和四七年法律第六一号による改正前の罰金等臨時措置法二条一項、三条一項一号所定の額による。）の定める刑により、所定刑中いずれも罰金刑を選択し、その範囲内で、被告人四名をそれぞれ罰金一万円に処し、刑法一八条により被告人らにおいてその罰金を完納することができないときは、それぞれ金一〇〇〇円を一日に換算した期間、その被告人を労役場に留置することとし、刑訴法一八一条一項本文により原審及び第一審における訴訟費用の四分の一ずつを各被告人の負担とし、主文のとおり判決する。

この判決は、裁判官全員一致の意見によるものである。

検察官××××　公判出席

昭和五一年五月六日

最高裁判所第一小法廷

裁判長裁判官　××××

裁判官　××××

裁判官　××××

裁判官　××××

裁判官　××××

7　裁判について

裁判で必ず真実が明らかにできるとか、必ず正義が守られるとか考えるのには無理がある。裁判で問題にされるのは、起訴状に記載された訴因についてである。（刑事訴訟法第二五六条）

裁判所は、提出された証拠（証言も証拠である）の範囲で蓋然性の高い解釈（認定事実）を真実と見立て、その違法性を審議する。

裁判所は犯罪が成立するかどうかを検討する。構成要件該当性の検討である。犯罪を構成すると考えられると、違法性を阻却する事情（「正当行為」刑法第三五条）があるかどうかが検討される。例えば人を死なせる行為は殺人という犯罪にあたる。しかし、死刑執行人は正当な理由があるから違法性が阻却され、犯罪にならない。

嵌《は》められてなした行為については、情状として斟酌《しんしやく》されることがあっても違法性は阻却されない。本件の裁判でも、作為について争っても違法性には関係がないのである。

証拠の採用も解釈も裁判官の自由な心証に任される。立証できない主張は検討の対象にすらなり得ない。反論できない嘘は、裁判官が事実と信じれば真実として扱われる。明らかな証拠と思っても裁判官が無視することは自由である。裁判では、誰かの（悪意による）意図的な作為が成功したり、真実が証明できなかったりして、不正義が勝訴したり間違った判決が出されたりする危険性が常に存在する。

最終的には、裁判官の自由な心証による判断が結論になるというのも又やむを得ない。そこには個人の価値観が入る余地が残る。あってはならないことだが、誤審も冤罪《えんざい》も政治的弾圧の可能性も完全に排除することはできない。本件も証言の採用の仕方によっては論告通りの判決が可能である。

我々は、日本が法治国家であり、「法の支配」する社会であり、国民は憲法により「法のもとの平等」や「基本的人権」が保証され、法により社会正義が守られると信じている。司法による「法」の解釈や「正義」の捉え方が市民の常識的社会通念とそれほどかけ離れたものではないと信じている。

ところが法学者は、「法の機能は社会の秩序を維持することにある。法はまた正義を実現することをも目的とする。しかし、何が正義であるかは必ずしも明らかでない。革命も不成功におわれば犯罪となろうが、勝利をかちうれば新しい法の基礎となる。」という。(「現代法入門」第三版補訂版　有斐閣双書)

なるほど、もっともではある。正義の理念が一義的に捉えられないことは理解できる。しかしながら、一つの時代、一つの社会において、正義の理念はその社会の構成員にとって普遍的でなければならないと思う。立場が違うと正義が違うというのでは困るのである。法にいう正義は立場によって異なる正義を是認しているように思われる。(＊)

法学者はまた「法は政治と密接に結びつくから、法的安定性を重んじると正義に反する場合があるのはやむを得ない。」という。「疑わしきは罰せず」の反面、一事不再理、時効、誤った判決の拘束力など、不正義も法秩序のためには許される。民主主義国家における政治権力は国民主権に由来するものであるから、現実には超えられない限界があるのはやむを得ないが、秩序維持の視点から主権者である国民の犠牲を是認してよいとする考え方はおかしい。

まえがきで紹介したような最高裁の解釈があるにもかかわらず、六法全書の判例を見ると、ぞっとするような判例がいくらでも見られる。これも法秩序維持の視点を重視する結果であろう。

裁判官の最終的な価値判断は、社会秩序・法秩序を重視するか、憲法の理念に基づいた個人の人権を重視するかの選択ということになるのだろうか。考えれば考えるほど裁判とは恐ろしいものだと思う。

本件でも一審、二審、したがってそれを踏襲している最高裁の事実の認定とその解釈で一部に間違いがあると言わざるを得ないが、それは証拠の採用とその解釈についての裁判官の自由な心証と解釈に基づくものであるから刑事訴訟法の定めに反するわけではない。まことに困ったことではあるが、間違った解釈も主観的な解釈の相違と言われればそれまでである。

証拠の証明の方法については、形式的な手続きが重んじられ、常識では信じられないことがまかり通っている。例えば証拠として示された録音テープが証人の録音したものと同じものであるということの立証では、証人が三十分に及ぶ音を聞いて、一箇月前の記憶の音と同一であると証言すれば同一性が立証されたことになっている。二つの音が同一であるかどうかは、二つの音を同時に聞いて比較しない限り不可能である。またこのテープが、ある証人がそのまま一箇月間保存していたという供述から、その間加工が施されていないことが立証されたとしているのである。

裁判官はどの証拠を真実と認め採用するか自由であるが、矛盾する供述や一見関係のなさそうな供述にも重大な意味がある場合もあり得る。しかし採用しなかった証言の意味するものは通常は無視される。

最高裁の自判について

最高裁は事実を審議するところではないが、例外的に自身で判決を下すことができる。だからと言って憲法に定められた国民の基本的権利を無視してよいはずはない。

弁護側は抗議行動の正当性を主張したので、共謀の成立を巡る弁論がない。一審は無罪の判決であったから弁護側は控訴審でも共謀の不成立を主張する必要がなかった。最高裁は、訴因に無い、被告人以外の者の行為まで被告人の責任であるかのように述べていて、共犯の成立を認め、有罪の判決を下した。一審で検察の主張した共謀とは騒音を発した点だけである。共謀の成立に対する反論の機会はなかった。共謀に限らず、もしこのような方法論が許されるのなら、被告人の弁明の機会は合法的に剥奪されてしまう。

共犯について

共謀についての刑法の規定は第六〇条の「二人以上共同シテ犯罪ヲ実行シタル者ハ皆正犯トス」である。「共同して」の解釈は非常に恐ろしい。

（明示の意志表示がなくても、暗黙の意志連絡があれば共謀といえる。（最判昭二三・一一・三〇））

このほか第六一条〔教唆犯〕、第六二条〔従犯〕第二〇七条〔同時傷害　特別共犯例〕の規定があるが、いずれも一方的に解釈されると恐ろしいことになる。

「共犯」に関する考え方は非常に複雑で、刑法の本を読んでも、素人にはすぐには理解できない。裁判官の解釈次第でどんなことを言われるか想像もつかない。

公判の中で検事は「現場共謀」の趣旨であると釈明している。証言を待つまでもなく、組合指導部からの指示による事件であったことは明らかである。判例を引用するまでもないが（仙台地判平15.3.31　労判八五八―一四一　・・・闘争本部を構成する組合四役の役員は・・・・違法な争議行為に基づく責任を負う・・・組合が不法行為責任を負う場合であっても組合員はこれとは別個に不法行為責任を負う・・・）不法行為であると主張するのなら、個々の組合員の責任を問う前に、指導部の責任こそ問われるべきではないのだろうか。現場共謀などと事件を矮小《わいしょう》化し、幹部責任を不問とした検察の態度には理由があるのではないかと思わざるを得ない。

事件の本質は現場の組合員の行動に対する刑事責任ではなく、組合の抗議行動それ自体の正当性の問題であり、それを指示した組合指導者の責任の問題ではなかったのだろうか。

訴因について

訴因とは裁判の対象になっている犯罪事実のことである。それは起訴状に示さなければならない（刑訴法第二五六条③）。起訴状によれば、共謀して騒音を入れたということが訴因である。検察官の釈明によれば、扉を押したことまで共謀したとは言わないと言っている。起訴状に書かれていない行為まで有罪の根拠にするのはルール違反ではないか。本件で言えば、カーペットを引き抜いたという認定は間違っていると思われるが、たとえ間違いでなかったとしても訴因ではないのである。にもかかわらず最高裁判決では、あたかも共謀してカーペットを引き抜いたかのように述べ、有罪認定の大きな理由になっているように思われる。

共謀と宣言すれば何から何まで共謀であり、ほとんど言い掛かりに近い論理で共謀が認められるように思える。共謀、共犯の適用は全く検察・裁判所の意のままにできる恐ろしい条文である。なお、四人だけが起訴された理由は最後まで明かされなかった。刑訴法第二四八条により起訴するかしないかは全く検察側の判断に委ねられているが、合理的理由が無くてもよいはずはなく、検察官が自由にできるという解釈はまことに不遜と言うほかない。

＊　市民にとって法律がわかりにくいのは、法律の解釈に正解は一つではない、ということである。これは「正義」とは何かが一つではない、ということにもとづいている。法律解釈は条文の意味の論理の確定であるといっても、文章の意味を広くも狭くも解釈することができる。これを、拡張解釈、縮小解釈、類推解釈、限定解釈などという。

ではなぜ、一つの言葉から解釈の対立が生まれるのか。それは解釈する人間の正義観が異なるからである。つまり、法解釈とは、正義と論理をむすびつける人間の営みである。正義が変われば、論理の道すじも変わる。その意味では、法解釈の争いも、根本的には、価値判断をめぐる争いである。解釈者は、立法者が法律をつくったときの条文の意味を前提としながらも、みずからの価値判断にもとづいて評価し、のぞましいと思う意味づけを条文の中に読みこむのである。それゆえ、法律解釈という人間の行為は、法規の条文の意味を操作することによって、みずから主体的に正義を決定するという実践的作用にほかならない。

「法とは何か」新版　渡辺洋三　岩波新書　一九九八年　より

古典的名著「法における常識」(ヴィノグラドフ　岩波文庫)とあまりにも違う世界に驚かされる。

六、供述の分析

供述の分析は、供述を論理的に分析して真実を推論しようというものである。裁判所は事実の認定に採用した供述のほかは取り上げない。採用されなかった供述や、矛盾する供述から、論理的必然性を持って真実を推論することができる場合がある。最高裁判例のいう「経験則に反しない、高度の蓋然性」を持つ推論は、裁判官が証拠をもとに真実を解釈する論理と何ら変わるところはない。これは供述から蓋然性の高い真実を推論しようという試みである。

1　供述調書について

被疑者や参考人の供述を録取者（取調官）が聞き取って書面にしたものが供述調書である。被疑者（容疑者）でなく、参考人として取り調べられる場合もある。逮捕勾留中の場合は身柄を拘束されて取り調べられる。

参考人の場合は、警察官や検事が職場や家庭にやってくる。人目もあって感じの良いものではない。できるだけ早く終わって早く帰って欲しいと思う。警察へ呼び出される場合もある。その場合でも早く解放されたいと思う。

いずれにしても、言いたくなければ言わなくてもよい、という意味のことを必ず言うはずである。これは刑事訴訟法第一九八条に定められているからであるが、あなたには法によって言いたくないことを言わない権利があると教えてくれるわけではない。うっかりすると、そんなこと言ったかなと思うほどさりげなく言うのである。

話したことは後日文書にして読み聞かせる。そして間違いがなければ署名押印を求められる。文書は自分で書くわけではないから、微妙な表現、不適当な表現、誤解など気に入らない文章を持ってくるかも知れない。そのとき、法には「…増減の申し立てをしたときは、その供述を調書に記載しなければならない」と定められていて、訂正の申し立てができる。また、署名押印自体を拒むことができる。しかし、このときは、拒否する権利があるとは言ってくれない。法には、「署名押印を求めることができる。但し、これを拒否した場合は、この限りでない」と書いてある。署名押印があれば裁判のとき証拠にできる。

警察からいろいろ聞かれることに慣れている人は少ないから、冷静に注意深く対応できない場合が多いだろう。自分の言ったこととちょっと違うのだけれども、違うと言うと不機嫌で恐い顔をされるのでまあ黙っていよう。正直に話したのだから署名押印は拒否しにくいと思ってしまう。身柄を拘束されない場合ですらこんなところである。

本件の被疑者八人は、パトカーが仰々しくサイレンを鳴らしてきて逮捕された。逮捕は逃亡と証拠隠滅を防ぐのが目的である。勾留は法を最大限に利用し、なかなか釈放してくれない。絶望感に取り付かれ、初めは供述を拒否していた者も供述を始める。拘置所に移されると、素っ裸にされ、四つんばいにされ、検便と称して肛門に器具を差し込まれたとのこと、報告した者だけか、全員かは知らない。とにかく惨めな気持ちを味わわせ、自尊心を叩《たた》くのが本当の目的らしい。取り調べ場所は警察の密室である。ドラマのように、かなり威嚇されたようである。両手錠のまま取り調べられた者もいた。この八人には直接手を出すような暴力はなかったが、暴力も珍しくないらしい。わざと、禁止されている長時間の取り調べもする。取調べる方は、誰がどう言った、誰がどうしたと、平気で有りもしない嘘をつき、心理的な圧力を加える。心理的には一種の拷問であると思うのだが、これが法に触れないのは不思議である。本件で逮捕された者の話からこんなことが実際に行われていることを知った。密室の違法行為を立証することは非常に難しい。

こういう状況の中で供述が取られる。正に吐かされる感じである。先にも触れたように、取調官が文書を書く。逮捕勾留の中で、細かいニュアンスをよく読み取り文書の訂正を要求できる人は少ないだろう。このようなことを考えると、供述調書の文面から微妙な表現の意味を解釈しようとするのは非常に危険である。だが、検察側はそれを利用する。実際、本件の調書には、検察の言い分に沿った表現が目立つ。例えば、「開いていた扉」のことを「押し開かれた扉」というように。

また、取調官の問い方によっては、重要な部分の供述が求められないまま、取調官が適当に作文し、調書を取られた者もあまり気にしないで署名押印している例もある。教唆や誘導によって警察の欲しい供述をさせるのは難しいことではない。実際の供述と反対の供述をしたような調書を作るのは単に技術の問題にすぎないとの批判すら聞かれる。

一般的には、供述調書をそのまま証拠にはしない。公判で証人を尋問し、反対尋問の機会を与え、それによって真実が判断される。実際、反対尋問によって、自ら調書の供述が真実でなかったことを認めたりしている。検察官が調書を証拠として提出し、弁護側が同意すれば証人尋問と反対尋問が行われることなく供述調書が証拠として採用される。この場合、一見些細《ささい》に思えることや微妙な表現で後々思いもかけなかったことを問題にされることがある。調書は警察官や検察官が作ったものであることを思い知らされる。これは本件での実感である。

ここで注意しなければならないのは、被告人に不利益な事実を承認した供述調書が署名押印があればそのまま証拠にできるということである。（刑訴法第三二二条①）どんな不当な取り調べであっても、署名押印してしまえば、まずは「一巻の終わり」である。裁判でいくら不当な圧力を掛けられ、心ならずも事実に反する供述をさせられたと言っても、裁判官が任意になした供述と認めれば、もはや取り消されない。ここに冤罪発生の温床がある。どんなに不当で強引な取調べであれ、裁判所が自白は任意であったと認めれば全てが終わるのである。まことに恐ろしい。自白が唯一の証拠であれば有罪にできないはずだが（憲法第三八条②）、その他の証拠とのつじつま合わせは難しいことではないのだろう。実際、数々の冤罪があった。（吉田石松・日本岩窟王事件、松川事件、財田川事件、松山事件、免田事件、徳島ラジオ商事件、八海事件、弘前大学教授夫人殺害事件等々）

どのようにして嘘の調書が作られるのか、どのようにして有罪にできるのか、素人には不思議に思える。供述調書とは、こういうものらしい。

弁護士後藤昌次郎は、豊富な実例を挙げ、警察・検察の組織的な犯罪による事件捏造《ねつぞう》の手口を生々しく語っている。あきれた話だが、これら事例における裁判官は、極めて不条理な検察側の供述調書等の証拠を鵜《う》呑《の》みにして疑わない（それは意図的としか言いようがない）。警察・検察・裁判所が一丸となって無理矢理に有罪判決を作り上げる実態がまざまざと浮かび上がっている。

（　「〈うそ〉を見抜く心理学」　浜田寿美男　ＮＨＫブックス
「冤罪はこうして作られる」　小田中聡樹　講談社新書
「真実は神様にしかわからない、か」　後藤昌次郎　毎日新聞社
「刑事裁判を見る眼」　渡部保夫　岩波現代文庫　参照　）

2　岸辺順一の供述について

裁判所は証人岸辺および多田の供述について「…右のような事情を有する者の供述を直ちに信用することはできない…」と述べ、二人の証言を採用しなかった。

裁判所としては採用しなかった証言の意味、証人の意図を一々明らかにする義務は無い。しかし、証人の証言が事実でないこと（単なる間違いか、意図的な嘘か）には重大な意味がある場合もあるから簡単に見過ごすわけにはいかない。

逮捕のきっかけとなった岸辺の「組合員が扉を押し開けた」という供述は、自ら認めたとおり嘘であった。この嘘の動機は何であったか。

「…その後よく考えてみると私が初めの方で扉をよく閉めようと思って勢いをつけるために引き開けたことを思い出しました…」と供述を翻した。裁判所は「…よく閉めようと思って…引き開けた」という嘘も認めなかった。

この二つの嘘の動機は、本事件の本質に関わる最も重要な問題の一つであると考える。

「忘れていた」（思い出した）ということの真偽を直接明らかにするのは難しい。信じるかどうかは聞く人の心証によるしかないが、社会通念上は単なる言い訳と見なされることが多い。それに、こんな「物忘れ」の例は聞いたことがない。経験則に反するのである。

3　多田猛の供述について

多田は大道具室側扉の前に来たとき既に扉は開かれていたと証言している。中へ入ってすぐに閉めたが組合員に押し戻されたというのである。そこでこれはひどいと思って写真を撮ったと言う。これが多田の述べた筋書である。だが、初めから撮影のためにカメラを持って行ったことは明らかである。

七月十四日の検察調書では「…私はしばらく組合員の背後で様子を見ていたのですが、そこの扉の北半分が完全に内側に押し開いてあり、これらの歌声などがそのまゝフロアーの中へ吹き込まれている有様で、これではこれらの騒音がマイクを通じて電波に乗って放送されていることは明らかで何とかしてこの状態を止めねばならんと思いました、と言っても口で制止しても聞いてくれる連中ではありませんし実力で扉を閉める以外方法はないので私は中に入って内側から扉を閉めてやろうと思い組合員の背後中央付近から組合員の中に潜り込みこれをかき分けて一番前まで出たのですが…私はすぐ開いている扉のところに走っていって一人で八割方この扉を閉めたのですが組合員らが開けろ開けろとわめきながら押し返したので一人の力ではどうにもならずドアーを押し開けられてしまいました。」と供述していて、公判廷での証言とは細部ではかなり違う。写真を撮ったあと、すぐに四人で力いっぱい閉めたと言っている。

岸辺は、初めは多田と同じく組合員が押し開けたと供述していたが「扉は自分が開けた、よく閉めるために開けた」と供述を変えた。扉を開けた丁度そのとき偶然多田が入って来た。自分が扉を開けた後、多田の言う一旦閉めたが押し戻され云々の辺りは、うすぼんやりとか、興奮状態であったとか、はっきりしないとか、茫然自失の状態とか言って明言を避けている。

多田が大道具室の扉の前に来たとき扉は閉まっていた。彼は大道具室の何か五十センチ程高いところへ上がって、薄ら笑いを浮べながら組合員を背後から見ていた。私はすぐ傍で彼を見ていたのである。彼はスタジオの中からの写真撮影が初めからの狙いだったらしくここでは写真を撮ろうとしなかった。この後いつ扉から入ったのかは知らないが、扉のすぐ傍にいた友人は、彼が「俺や開けてくれ」と声をかけて入って行ったと話していた。

裁判所はほゞ真実を捉えていると思う。扉以外の点では疑問もあり、後にそのことに触れたい。扉の開放に関する裁判所の認定は次のとおりであった。「扉は多田がわずかの隙間を作って入り、すぐに一旦閉め、次に写真撮影のために大きく開いた。」この認定は最高裁まで変わらなかった。

組合が撮影した写真二枚を見ると、写真撮影の後、しばらく扉を開けたまゝにしてあったことがわかる。時間の経過はわからないが、多田の位置が変わっているから、すぐに続けて撮影された写真でないことは明らかである。もし、この写真がなかったなら、多田と岸辺の、組合員が開けたという嘘が裁判官に見破られなかったかも知れない。

左を向いている眼鏡をかけた人物が多田猛（労働組合写真班撮影）

左側ドアーの右に多田猛の後姿が見える（労働組合写真班撮影）

4　茨木宏の供述について

茨木の供述には嘘や微妙な表現が多い。それに弁解が目立つ。彼の行動は中闘会議の決定に従ったように述べられているが、その際自分がどんな意見を述べたかは一度も語られていない。

委員長の証言によると五月六日のストライキの時間は午前中に茨木がママ育のスタッフから意見を聞いて決めた。その際茨木が当事者の意見としてピケが必要だと委員長に伝えた。委員長は具体的な戦術、方法は現場（茨木）に一任した。茨木の供述にはこのことが一切触れられていない。

彼が「抗議行動」に行かせろと委員長に詰め寄ったとき、近くには大勢の組合員が居たから何人もの目撃証人が居る。私はこの時、委員長と話をしていた。その中に茨木が割り込んだので、私はすぐ傍で一部始終を聞くことになった。彼の供述が嘘であることには議論の余地がない。

問題はなぜ嘘の供述をしたのかということである。

この事件の証言では、三件の人物の間違いがあるが、後に述べる芦田と東の間違い（藤原供述）のほかに茨木が二件の間違いをしている。いずれも意図的なものが感じられてならない。

一つはDサブで大道具室側へ抗議に行くことになる強硬意見を述べた人物に関するものである。他の者の証言によれば、この番組のスイッチャーの津田由之であった。茨木とは同一職場の人であり、茨木が間違えた渡瀬隆史は職場が違う。

もう一つは茨木がサブの組合員の意向を伝えに行った相手が委員長ではなく副委員長であったこ

とである。それにしても、元々戦術は任されていたのに、なぜわざわざ委員長に指示を出させようとしたのだろう。検察庁が最終確認をしている九月一日の調書で、渡瀬の件は言い過ぎでしたと取り消し、副委員長の件は、「やろう」という意見であったのは間違いないが決定を下したのが彼かどうかそこまでは断言できません、と訂正している。だが、初めの供述によって副委員長が逮捕されたのは間違いのないところである(副委員長の記憶によれば逮捕状の趣旨は本件行為を指揮したというもので他の七名とは理由が違う)。

茨木は裁判所での証言で、再び副委員長が決定を下したと供述している。ちなみに副委員長の名前はフルネームでは覚えていないが顔はよく覚えているとも供述している。

裁判所もこのときの状況については委員長の証言を採用し茨木の証言は採らなかった。

茨木が話をした相手は委員長ただ一人であった。話の内容はこうだ。Dサブの組合員の抗議したいという意向を伝えたかどうかについては定かでないが「Cスタからカメラを引き込んでやろうとしている。シャッターは故障していて閉まらない。したがって扉の外で騒ぐと、その音がスタジオに入るから放送は絶対にできない。だからやろう。」という趣旨であった。

委員長はなかなか「うん」と言わなかった。茨木は執拗に食い下がり、とうとう最後に委員長は承知した。この間、私は「やばいぜ、やめといた方がいいのじゃないか。」と言ったが、二人とも何も答えなかった。私は責任ある立場でなかったのでそれ以上は主張しなかった。しかし、茨木の、このことに関する証言は全く事実に反する。彼のその他の証言を信用せよと言う方が無理である。

委員長はテレビ職場を知らない。テレビ現場所属の中闘（茨木宏）に現場の意見を聞いてもらったと証言しているが、ストに入ったとき、番組の責任者ともいうべきディレクターとスイッチャー（津田由之）がストに入ることに対して抗議したとの証言がある。これでは委員長の証言のように茨木が現場の意見を聞いて来たことにはならない。Dスタ及びDサブのピケを中闘委に進言したのも茨木であるが、現場の意見であったと考えるのは無理であろう。

スタジオはサブよりはるかに広く、本気でピケを張るのなら十分の人数が要る。それに管理職の供述にもあるように、会社側はストに備えていつでも交代できる体制をとっていたから、綿密な計画と十分な手筈《てはず》を整えておかなければ成功の見込みはない。それよりも、この日の行動の目的は中継車のピケであった。DスタとDサブのピケは当日の朝、突然茨木が出してきた話である。

茨木の検察調書では、組合員にスト指令を伝えにスタジオへ行ったとき管理職の体制を見てスタジオのピケは断念したと言っているが、そんなスタジオの状況は初めから分っていることである。誰の指示かは分からないが実際に指示だけは出ていた。「Dスタへ行ってくれ」という誰かの指示があって（組合員の供述調書）数名の組合員がDスタジオへ行った（Dスタジオへ行った組合員は、多田に扉を施錠されスタジオに閉じ込められた。その後スタジオの中にある階段からサブに入った。

茨木はDサブにピケを張った後、Cスタカメラが使われるのではないかと、早くから気にかけていた（茨木の供述）。それなのになぜCサブと大道具室側扉へのピケの指示を出さなかったのだろう。その判断は現場を指揮した中闘の判断事項である。供述によればDサブでは多くの人がCスタのカメラを気にしていて話に出していたのである。

Dサブにピケを張るとき茨木は中心的な働きをしている。スイッチャー卓の上に覆いかぶさり管理職員の作業を阻止している（渡瀬の供述）。文字どおり体を張って阻止したのである。番組の放送阻止への執念は極めて強いように見える。

Dスタジオにカメラが一台運び込まれたのを見てDサブの組合員はこんな不完全な放送を強行しようとすることに対して抗議しようということになり委員長に話しに行った、と茨木は言っている。

事件の発端はこの扉前の抗議行動である。乗り気でなかった委員長に執拗に食い下がって「抗議に行け」と指示を出させたのが茨木である。このときの様子については、茨木の証言は事実とまるで違う。茨木の、嘘の証言の意図は何であったのだろう。訴因にはないが、一旦抗議行動を切り上げた後、番組の後半部で再び同じ抗議行動を行っている。事件直後に木口が書いたメモによると『茨木は「オイ！まだ放送しているから、もう一度やろうや！」と木口中闘を呼びに来た。』

番組は組合員の抗議にもかかわらず放送を続けていた。すでに番組放送時間の半分以上が過ぎているのに、もう一度抗議しても放送を中止することは考えられない。なぜ茨木が、またやろうと言い出したのか。これでは妨害そのものが目的と言われても仕方がない。

シャッターが故障しているからやろうと言った、このことは正直に供述できないだろう。しかし、委員長一人に話したこと、委員長が指示を出したこと、これらのことを事実のまま証言できない事情は何だろう。忘れたというような場面ではない。

公判時の証言の微妙な表現、その後の非常に早い昇進、常務取締役への就任を考えると、すぐに人の名前や出来事を忘れたり、違う話と取り違えたりするような凡庸な人物ではないと考える方が自然である。一方、非常に早い昇進と常務取締役への就任は、岸辺の副社長就任同様、世間の常識では不自然で異常に見える。世間の常識では、このような事件に、このような関わり方をした者は、通常は昇進コースから外されるものである。

考えてみると、この事件の始めから終わりまで、すべての段階で関わったのは茨木宏ただ一人である。検察側証人としては彼をおいて他には居ないだろう。それにしても逮捕の段階で既にそのことを、会社も検察も知っていたということになる。

検察側証人仁科聡の供述にも疑問が多い。供述は検察の主張に添うものが多いのだが、彼自身も述べているように、大道具室の方は彼の所属している美術部の管轄である。ここの扉のことは十分熟知していたと考えるのが自然である。

すでに施錠されていた廊下側扉にピケを張っていながら大道具室側のこの扉をなぜ無防備にしておいたのか。大道具製作会社の作業員はシャッターの故障を知っていた（藤原は供述調書でも公判時の証言でも注意深く「閉っていない」と表現している）のに仁科自身は知らなかったと供述しているが、それは信じられないことである。もっとも、知っていたとは言えなかっただろう。

シャッターの故障は、裏方の作業員も知っていて、上司に作業の中止の指示を仰ぎに行っている。庶務部はすでに修理の手配をしている。毎日そこで仕事をしている組合員も、その上司も、シャッターの故障は知っていたに違いない。

茨木は、故障しているからやろうと言いに来た。管理職員の誰の供述にもシャッタの故障はもとよりシャッターそのものに触れた部分がない（触れたのは多田の主尋問のみ）。

当時リハーサルの時からシャッターは閉めていた（当時の制作技術の者の話）からシャッターの

故障は関係者なら皆が知っていたはずで、誰もシャッターの話をしないのはいかにも不自然である。「シャッターの故障を知っていながらひどいではないか」という非難は会社側からも検察側からも聞かれない。そのことにかえって大きな疑問を感じるのである。

5　山崎明の供述について

山崎の供述調書では、「十三時から放映が始まってからすぐ雑音が入っていることがDサブ内のモニタースピーカーで聞こえてきました…何処からか判らず、音声の責任者たる私としては驚いてしまい、…」とある。

スタジオの音声担当者は放送開始直前までスタジオの音には注意しているもので、放送開始後、スピーカーの音で初めて騒音を知ったなどということはおよそ信じられないことである。

放送開始前に抗議行動が始まっているから、渡瀬の供述にあるようにサブのスタジオ側扉を開けたら歌声が聞こえていたのである。音声担当の山崎には、この生の声が聞こえたかどうかは分からないが、少なくともマイクを通じて聞こえているはずである。それよりも、スタジオの中に居た人が、騒音がマイクに入らないかと心配してインカムを通じて「おい、大丈夫か」と声をかけたに違いないのだが。

茨木宏の供述によれば、Dサブの組合員の間から、放送を断念させるために抗議に行こうという声が出て大道具室側扉の方へ行ったのであり、シュプレヒコールと歌が始まったのは、放送開始前であった。

山崎は、組合員が抗議に行こうといって何人も出かけてしまったのを見たり聞いたりしているはずである。(小西調書にはそのことが述べられている。) 騒音がどこから、またいつ頃から入ったのか分からないはずはない。

騒音のあることを放送開始前から知っていたことを隠さなければ具合の悪い事情が窺《うかが》える。何の特別な操作もしていないのに、あれだけの騒音が入ったのだと思わせるために必要な状況説明のつもりであろうか。

騒音を少しでも減らすため、インカムでマイクをアップにしてくれと指示したとの供述があるが、Cサブにいた芦田もインカムでDスタのフロアーに連絡をとりマイクを口元に持っていくよう指示したと供述している。二人が別々の場所から同じ指示を出したというのだが、これも偶然の一致だろうか。

6　Cスタカメラを使用するに至った事情の証言がなぜ食い違うのか

芦田越蔵の供述

…午前十一時五十八分のバスに乗って出社しました…（出社して）そのままDスタジオのフロアーへ行きました。…Dサブを組合員に占拠されていて入れないことや、Dサブ内には山崎副部長と小西課長しか残っていないことを聞きました。その場で私が最高責任者となって、これからどうするかということを打ち合わせたのですが、Dスタの状態としては二台のカメラに電源が入っており、サブでスイッチを押せば放送可能であることなどが分りました。…人形劇はカットすることにしました。…それにしてもカメラを使って撮らせるのかどうか分らないのでインカムでサブ内の山崎副部長にカメラ一台でやれないかというようなことを伝えました。（カメラ一台云々のやりとりの時点に注意。時間的にも、因果関係的にも矛盾する。）これに対して暫くして…ボタンを押せないというようなことを連絡してきました。それで私はこんなことから到底Dスタからの放送は無理だから生放送をやめ、フイルム映画を代替番組としてやろうと判断し、フロアー西側の扉から出て大道具製作会社の事務所に行き、そこの電話でこの事を放送本部に連絡しました。…ところが大道具製作会社の事務所を出てからCスタの扉が開いているのを見て、Cスタのケーブルを長くしてDスタに持ち込めばDスタから放送できると直感し、フロアーに戻ってその場に居た管理職の者達にCスタからカメラを持ってこようと言うと皆賛成したので…

大道具製作会社総務部長藤原一成の供述

午後零時半頃東次長が私方事務所に来て何処かに電話連絡をしていましたがその内容はDサブを組合員に占拠されているのでDスタのカメラを使えず、Cスタからカメラ一台を持って行ってどうにかやりますというようなことでした。…又何処からであったか分りませんが、その後東次長に電話がかかってきたので私がうちの従業員を走らせて東次長を呼んで来させ、電話に出てもらったこともありました。…

東良男の供述

…Cスタへカメラを取りに行く前にDスタのカメラが使えるか使えないかということが話題にのぼっていたと思いますが、はっきり記憶がありません。隣室のカメラを使って放送するということもその場で決まりました。私自身は代替番組にしようかということを放送本部へ意向打診したことはありません。

岸辺順一の供述

…芦田次長がインカムでサブ内の山崎副部長に何とかしてカメラを使えないか、スイッチャーはやれないか、などと問い合わせていましたが、暫くして組合員がスイッチャー卓を取り囲んでいてそのため山崎副部長がスイッチボタンを押せないというようなことがわかりました。私はインカムをつけていた訳ではないので芦田次長の口を通じたりして聞いたのです。それで更に、芦田次長の方からせめてカメラ一台、マイク一本でもやれないかというようなことを問い合わせていましたがそれもできないという返事でした。…どうしても中の二人ではできないということならば致し方ないということで、芦田次長はもうやめて代替番組で行こうと言っていたのですが、まあ、かなり時間をかけたと思いますけれどもいろいろ相談しまして、私らとしましては、隣のCスタジオからケーブルを延ばしてカメラを持って来て使おうと言いまして一台でもいいから持ってきてやろうという結論になったわけです。

桂輝正課長の供述

…芦田次長を中心にして相談した結果芦田次長が生放送はやめてフイルム番組に変えようと言ってフロアー北西の扉から出て行かれたので何処からか電話連絡でもとりに行かれたのだと思いました。ところが暫くして戻って来た芦田次長がCスタのカメラを使おうと言い出したので私共も賛成と…

山崎副部長の供述

…Dスタの副調整室で勤務する人員としては最低限度次の六人が必要です。（詳細は省略）それはカメラ三台であろうとも一台であろうともこれだけの人員が要るのであります。なおどうしても人員が足りず一人で何役も掛け持ちしてやることも考えられますが、これは例外の非常事態であって作業上良い結果は望めません。（…内田課長をサブへ呼んだのは）全人にミキサーをやって貰い私がスイッチャーをやれば何とかやれるのではないかと判断して、内田課長を呼んだのであります。…私はこのままでは到底組合員が代替要員をサブ内へ入れてくれず、従って予定の放送は出来ないと思って、入口の電話で中塚編成部副部長に「組合員がDサブ内に入り、ピケを張って管理職を入れないので「ママの育児日記」の放送は出来ないからフイルムの代替番組を用意してくれ」と連絡しました。その後中塚副部長から電話があったかどうか、はっきりした記憶はありません。インカムで…フロアーの人々にこの状態を報告すると、芦田次長の声で、二人ではどうしてもやれんかと言うことでしたから、カメラ一台にしてマイクを一本にすればどうにか行けるでしょうと答えると、芦田次長がそれなら一台で行く用意をしてくれと言われました。…それで私がカメコンのモニターを見ると、一カメと三カメは画面が白くなっていましたが二カメをとりあえず使用することにして二カメがマスターに通ずるかどうかをテストするためスイッチャーボタンを押してみようと思いました。…室内にいた組合員らがスイッチャー卓のところに駆け寄りスイッチャー卓の方を向いて立ってピケを二列位張りました。…私としてはCスタからカメラを持ってくればやれるのだから、ここで無理にスイッチを押さなくてもよいという気持ちもあったから…

小西朝生の検察調書

…十一時五十五分頃茨木宏が来て組合員に「十二時から十三時まで全面スト、この番組関係者だけは十三時三十分までスト…」と伝えた。これに対して津田君がブツブツ文句を言いながら…。それからフロアー中央付近で管理職の者が集まり、打ち合わせを始めたので私もそこに加わりましたが、芦田次長と和田副部長とが人形芝居をやらないことにしようということを言われたので、私は又一人でサブへ戻りました。サブ内には山崎副部長と照明関係下請けの従業員二人と私の四人が居ただけで…十二時二十分頃…組合員が三十名位入っているのに気付きました。

茨木宏の検察調書

…組合の人達が会社側はCサブのカメラを使うらしいと言っており、組合員の中には、Cスタからカメラを持ってくれればケーブルのために大道具側にあるDスタのドアーが完全に締まらないため、このような不完全な状態でママ育の生放送を会社側でやるのなら抗議のために廊下つまり大道具側の方の入口付近で労働歌やシュプレヒコールをやってやめさせてはどうかとの意見が出たのです。

なお不完全なと先程申しましたが、これは通常三台のカメラを使ってやるのに一台しか使えないし…組合員の渡瀬隆史等が私に「会社側がCスタからカメラを持ってきてカメラ一台とマイク一本でやるらしいが残念やないか、あんな不完全な状態で放送するのはやめろと抗議しようやないか」と言い出したのです。

茨木宏の検察調書（九月一日）

主として渡瀬君が述べたと言ったのは言い過ぎでありました。

渡瀬隆史の供述

…山崎さんは「ピケを張られた。」といってその場の状況を報告しておりましたが、電話の相手は会社の放送本部だろうと思います。最後に出来るだけやってみますと言っておりました。

和田功の検察調書

Dスタの副調が使えないとすればDスタのカメラ三台を使えないことになり…

（供述に、Cスタから何台か持ってこられるのなら、最低二台は要求したはず、とのくだりがある。）

各自の調書は、意図的か否かは分からないが、それぞれに間違いがあり、互いに矛盾もある。そこで時間関係を整理してみると次のようになるだろう。
十一時五十五分頃茨木宏がサブヘスト指令を伝えに来た。五十八分芦田次長はバスに乗り、十二時五分か十分頃スタジオに到着した。そのままDスタフロアーへ行った。
ストに入ったあとフロアーでは管理職が集まり、対策を話し合っていた。この時サブは山崎一人であった。芦田が責任者になって、人形劇の中止を決めた。小西がサブへ戻った。二十分頃山崎はサブのピケに気付いた。このときサブには小西と山崎の二人しか居なかった。山崎はこのままでは放送ができないので内田課長を呼んだがサブへは入れなかった。ここで、Dスタから放送ができない状況にあることを皆が理解した。

これは想像だが、芦田は山崎に放送本部へ代替番組の依頼を指示した。放送本部は、妨害の証拠作りのため、放送を強行せよ（一サブ、カメラ一台等具体的に）と指示した。山崎はその意向をフロアーに伝えた。以後の行動は放送本部の指示に基づくものと考えるのが自然ではないだろうか。

指揮者であるディレクターは居ない。代替要員によるリハーサルもしていない。サブに居た山崎は音声、小西は照明が専門で、山崎は映像もやれるが小西は音声も映像も操作できない。番組タイトルのテロップ、CM、カメラとの切り替え、そして音声、山崎一人では手が回わらない。音声卓とスイッチャーは離れていて同時に操作はできない。この二人では番組は出せなかったのである。このことは山崎自身が供述の中で内田課長を呼んだ理由として説明している。

このような状況のもとで、すでに山崎が代替番組の依頼をした後、芦田の「カメラ一台でやれないか」も、岸辺の「芦田がせめてカメラ一台マイク一本（芦田の供述にはマイク一本はない）でやれないかと言った」というのも、山崎の「カメラ一台マイク一本なら」と言ったという話もあり得ないはずである。カメラ一台とCMの切り替えができるくらいなら、三台のカメラの切り替えもできる。「せめてカメラ一台」は意味を持たない。山崎の供述は特におかしい。彼はすでにマイクが必要なだけ使えることを知っていたはずである。マイクは、アナウンサーの手持ちマイクが一本（子供のインタビュー用にも使われた）、対談席に二本、人形劇用にすくなくとも一本（仁科の証言の中に扉が開いたとき「マイクロホンをつけておりますブームというものがあるんですが、そういうものをやっている光景が目に入りました」というところがある。人形劇は中止になったのだから、このマイクは必要がなかったはずだが。）用意されていた。それにディレクター不在でカメラ一台だけの番組など、もともと考えられない話である。本当に供述通りの対話があったのだろうか。

もし対話が実際にあったのであれば、それは初めからカメラ一台で、一サブ（第一副調整室）と共同して放送が強行される事態を皆が想定していたことになる。組合員長岡孟の証言にあるように、山崎がインカムでスタジオの仲間につぶやいた「これ、あれやな」は、このことかも知れない。カメラ一台マイク一本の放送強行はスタジオ側の発想とは考え難い。放送本部の指示であったと思われる。

供述の、せめてマイク一本とはDスタジオのマイク一本だけの使用を意味しているように聞こえるが、Dスタの人がせめてマイク一本と言うはずはない。「マイク一本」は誰かの供述にあるように騒音を軽減するために対談席のマイクをやめて手持ちマイクに切り替えたから結果的に一本になったものである。

実際に処理されたように、カメラ一台の映像と音声が一サブに送られたら、そこで処理を行い、番組としての体裁を一応は整えることができる。しかしディレクターが一サブに居たのでは指示を伝えるのは非常に不自由で、その上カメラ一台ではまともな番組にはならない。

茨木宏は、Cスタからカメラ一台を持ってきて、カメラ一台マイク一本でやろうとしている、と組合員渡瀬が言ったと供述している（後で「渡瀬君が言ったというのは言い過ぎでした」と取り消した）。

公判廷の証言で、Cスタを見に行ってDサブへ戻ったとき、組合員が「Cスタから引っ張っている作業を見ているんだと思う」「見たところ一台しかカメラを引っ張っていない…同時にマイクも…一本のマイクでやろうとしているんじゃないかと…」という部分がある。

この当時のカメラはケーブルを接続した後、電源を投入し、かなりの時間をかけて調整しないと使えない。緊急の場合であったからあまり時間をかけなかったとしても、茨木がCスタの管理職員の作業（カメラの接続作業）を見てすぐにDサブに戻ったのであれば、彼よりカメラの方が先にDスタに入っていたはずはない。それに番組を制作するのにカメラ一台でやろうとしていると断定するのは不自然であり、マイク一本というのもこの段階（時刻）では何の根拠もない。結果を先取りした説明になってしまう。

茨木宏の供述は会社側職制の供述「カメラ一台、マイク一本」と全く同じ趣旨である。

放送本部は争議中の放送の運行やスト対策も受け持っていたのだから（代替勤務の勤務割りを作っていた）いろいろな状況への対応は検討していたはずである。会社はスト対策の権利があると主張している。ピケへの対応は、あらかじめ検討していた通りの指示を出したと言えばよい。放送本部の指示がなかったはずは絶対にない。誰もこのことを述べないのは理由があるに違いない。

「カメラ一台、マイク一本」という供述は、「Dスタの代替要員がなんとかして放送を出そうと努力した結果であって、『妨害させて証拠を採るのだからカメラ一台マイク一本で強行せよ』という放送本部の指示があったわけではない」、と言いたいための口裏合わせであるように思えてならない。

判決では大道具製作会社総務部長藤原一成の証言は完全に無視されている。裁判所がこの証人の証言に特別な意味を認めなかったのか、信憑性《しんぴょうせい》に乏しいとみたのかは分からない。

芦田次長と東次長の証言は互いに矛盾しないが、藤原の証言とは相いれない。藤原の証言によると、事務所から電話した人物は東であり、このとき既にCスタカメラ一台で強行する旨の現場の意向が放送本部に伝えられている。電話の内容から芦田であったことが推察できる。一般に下請け会社の、特に総務部長が親会社の、それも関係部署の役職者の名前を間違えることは考え難い。東次長は電話はしていないと証言している。単なる記憶の間違いとも考えられるが、芦田次長の代替番組の要請をしたという供述とは矛盾するので、わざと名前を間違えて供述した（指示あるいは教唆によって）ともとれる。

名前の違いはともかくとして、電話の内容は極めて重要な意味を持つ。藤原の証言で、東が芦田の間違いであるとすれば、Ｃスタカメラを使用するに至った事情の説明「電話の後、Ｃスタが開いているのを見て思いついた云々」は成り立たない。この芦田次長の証言は嘘であることになる。さらに、どこからか電話で呼び戻されている。この状況下では放送本部以外に考えられない。山崎の「中塚副部長から電話があったかどうか記憶にない」という供述は、大道具製作会社で芦田（東といってはいるが）を呼び戻したことと関連して検察官が確認のためにした質問に対する答えと考えられる。

それは放送本部からの、何か念押しか確認の連絡と考えられる。

岸辺部長、和田プロデューサーの証言では、はじめからＣスタカメラの使用が論議されていて、もともと芦田次長の証言（電話しに行った帰りにＣスタのドアが開いているのを見て思いついたという）とはくい違っていたのである。また、サブでの組合員の話、山崎の供述からもＣスタカメラの使用はみんなが考えていたことである。

芦田次長自身の供述にあるように、この番組の最高責任者は芦田である。山崎副部長のフイルムの代替番組を用意してくれという放送本部への連絡は、山崎副部長の独自判断とは考え難い。芦田次長がインカムで山崎副部長に指示して、サブから速やかに放送本部へ代替番組の手配をするよう連絡させたと思われる。多田は芦田に、山崎から放送本部へ状況の報告をさせるよう依頼していた。

壁一つで隣接するＣスタのカメラがすぐに使えることは、サブにいた組合員の話にも出ているように、ここで働く者は皆よく承知していたことである。芦田次長一人が知らなかったはずはない。

ストで十分なリハーサルができないと分かったとき芦田は人形劇の中止を決めた。サブが使えないと知ったとき番組を中止して代替番組をと考えた。そんな人がカメラ一台マイク一本ディレクター不在でも放送しようと考えるだろうか。常時ズームレンズを使える現在でも、緊急かつやむを得ない事情がある場合を除いて、カメラ一台だけで一つの番組を生放送することは絶対に無い。この当時、まだスタジオではズームレンズは使っていなかったから、カメラ一台では番組にならない。

本件番組が、変更できない程緊急の番組であったという主張は無理であろう。後日完全な状態で放送する方がよほど視聴者に対し誠意ある対応である。納得のいく番組でなければ放送に出したくない、組合員でなくとも、番組を作る者はそう考えるものである。

山崎は「出来るだけやってみます」と応えている。放送は始めたらやめるわけにいかない。「出来るだけやってみる」のでは困るのである。不完全でよいから強行せよという指示と同時に、妨害の証拠作りという目的も伝えられたのではないか。この放送本部の指示はインカムを通じて芦田次長に伝えられただろう。代替番組をと指示した芦田は放送本部に確認をする必要があったと考えられる。

竹田の供述は多くの点で他の供述と矛盾する。

竹田は、Dスタジオ副調整室にいた芦田次長に電話したと述べているが、芦田次長自身の供述と矛盾する。芦田は出社して、フロアーへ直行している。このとき、Cスタからカメラを持って来て（「持って来たので、」ではない）人形劇をカットして放送する、と言ったと述べているが、いつの時点のことであろうか。そこでカメラやＣＭ素材の信号の送り先を変更するなどの非常対策を考えたが、一サブにもテレシネにも連絡をしなかったと述べている。この時零時五十分過ぎであったという。放送直前に誰がしてきたか忘れたがＣスタのカメラを生かすからという電話連絡があった。この連絡と同時にＣスタカメラの信号を一サブに送るよう切り替えたという。

一サブはこの証人竹田の居る主調整室に隣接していて、慌ただしく放送本部から臨時のスタッフが駆けつけ、放送準備にかかっていた。竹田が臨時にＣスタカメラの信号を一サブに接続したのである。それを知らないとか、どこにも連絡をしなかったというような状況ではない。Ｄサブに居た山崎は室間のインターホンのランプの点滅で、どことどこが連絡しあっていたか分かっていたと言っているのである。放送開始直後、騒音にＢＧをかぶせたのも竹田である。Ｃスタカメラ使用にいたる経過の説明を避けているように見える。

本気で番組を作るつもりなら、Ｃスタからのカメラはたとえ結果的に一台しかＤスタへ搬入が出来なかったとしても、少なくとも二台は使えるように、用意だけはできたはずである。人手は十分にありましたとの供述もある。番組を大事に思うのなら、そういう次善の策を考えるものである。

和田プロデューサーの「Ｄスタを出る時には、まだＣスタのカメラはＤスタのフロアーには持ち込んでなく、西側ドアーの外の所にＣスタからのカメラケーブルだけが置いてありました」という供述も非常に気になる話である。

カメラケーブルは通常スタジオの倉庫に、８の字形に巻いて保管してある。使用するとき倉庫からカメラコンセントの近くに持ってきて一方をカメラコンセントに、他方（上の方）をカメラに接続する。このように巻いてあると、カメラを遠くへ移動しても、ケーブルはねじれることなく自然に伸びていく。

テレビカメラのケーブルは、運用の途中で継ぎ足すわけにいかない。長さが足りないときは、はじめからケーブルを継ぎ足しておかなければならない。カメラケーブルだけをカメラコンセントからずっと離れた所に置いておく理由が分からない。スタジオの外に置いてあったというのは、どこからか持ってきたものである。Cスタ倉庫からここへ持ち出すことは考えられない。

岸辺がCスタのカメラを使おうと言ったのは、ケーブル自体を継ぎ足して使うため、あらかじめ用意してあったからではないかと疑いたくなる。いつ誰が何の為《ため》に用意したものか理解に苦しむ。

主調整室では、マスターディレクターが番組内容を常時監視している。本件では竹田倉治の仕事である。竹田はマスターディレクターの仕事をせずに一サブの仕事を手伝ってBG音を入れている。先にも述べたように、このとき一サブには担当の和田副部長の他に、放送部長、A課長、録画課長、B課長、送信所長、Y副部長、S副部長も居た。

放送本部は代替番組準備の要請を受け、その用意ではなく、臨時のスタッフを一サブに集めCスタカメラの使用による放送強行の準備をしていたのである。

放送本部の指示がなければDサブと一サブの連携で放送が出せたはずがない。ところが誰もそのことには触れない。あの場合、一サブを使うよりは、Cサブを使う方がずっと合理的であったはずだが誰もそのことには触れていない。Cサブからはディレクターがカメラマンとインカムで通話できるからスタジオ内の人に指示を出すことができた。Dスタの音声もCM素材もCサブへ送ることができる。にもかかわらず、和田ディレクターはCスタカメラの使用が決まった後、誰に指示されたのか供述にはないが、一サブへ行ったのであり、Cサブのことは初めから念頭に無かった。

使用可能なカメラの台数についての供述も相互に矛盾もあり、すでにリハーサルも終わっている時刻にしてはおかしな話である。

いろいろな状況は、事態があらかじめ予定されていたように見えるのである。

なぜ、Cスタカメラを使うことになったのか、こんな簡単な事情の説明が食い違うのはなぜか。なぜカメラ一台マイク一本で強行しようとしたのか。

人の記憶は不確かである。言い違いも思い違いもある。しかし、Cスタのカメラを使うことになった事情の説明がどう考えてもおかしいのである。

放送を強行させる目的は二つ考えられる。一つはストライキやピケでも放送は中止しないということを示すためである。もう一つは「放送が妨害されたという証拠」を作るためである。

敢えて不完全な放送を強行させる目的（それは多田の証拠写真を撮るという採証行為）の説明があったに違いない、明らかにしては具合の悪い事情を隠そうとしていると考えるほかない。

7　カーペットは本当に引き抜かれたのか

判決では「カーペットを抜きとった者のある事が認められるにしても、」と抜き取ったと認めた。

しかし、長岡孟は「岸辺さんが扉を開けたとき、南さんがカーペットを持って扉のそばに立っていた。」（長岡調書は証拠として提出されていないので、裁判所は使えなかった。）

内田安雄は「組合員が再び来た事が判りましたので私は脚立の先に絨毯をくっつけて」と証言している。

調書ではカーペットが抜き取られたかのように読みとれるが、公判時の反対尋問では、引き抜いてしまったとはっきりと証言した者はいない。東、岸辺両人の証言でも抜き取られたところは見ていないと証言しているのである。

してみれば、スタジオの中にカーペットが残っていたと考える方が自然である。東は重いので下に落としたと証言している。長岡の証言もそれを裏付けている。「抜き取られたカーペットを扉の外から取り返した」か、「カーペットが一枚だけでなかった」ということが立証されない限り、抜き取られてしまったということが立証できたとは言えないのではないだろうか。

畳一枚くらいの大きさで、厚さが二センチほど、どろどろでかなりごついものでしたとの証言がある。紙芝居の紙のようにではなく引き抜くとしたら、扉の中のものを扉の外へ折り返すようにして引っ張るしかない。中の人がそれを協力するはずはなく、引き抜かれまいと抵抗するだろう。縦に吊されたカーペットをこんな状況で外へ引き抜いてしまうことが可能だろうか。

一審では無罪の判決であるから、起訴状にも記載のない、従って訴因にもなっていないカーペットに関してはあまり重要視していなかったと思われるのだが、最高裁が有罪としたとき、この被告人と何の関係もない他人の行為が共犯の名のもとに、被告人の責任になっている。何ともやりきれない思いである。

8　開示されなかった調書

開示された調書を見ると、いもづる式に呼び出され調書が取られている。副委員長はこのようにして茨木宏の供述によって逮捕された。ほとんど考えられる限りの人が呼び出されている。

ところが会社側の人物で、扉の開閉現場にいて名前の出ている南一太郎副部長と柴田真二郎副部長、放送本部で山崎副部長との電話（大道具製作会社事務所からの恐らくは芦田越蔵との電話も）の応対をした中塚編成部副部長、この三人の調書が無いのは何としても不自然である。

検察側証人になった茨木宏の調書は逮捕後四日日、仁科聡の調書は六日目の、「説明したとおり」とか「前回」で始まるものから開示されていて、それ以前のものは開示されなかった。いずれも検察側にとって知られたくない内容であったから開示しなかったと考えられる。

事件の発生から調書の作成された月日と順序を検討して見ると、実は一番始めの竹田調書（六月十七日）よりもかなり前に調書は取られていたと考えられる。写真を警察に渡したのは五月十九日であり竹田調書より前に、事件の概略や労使関係などの事情が説明されているはずである。したがって開示されていない調書がもっとあったものと想像される。調書の日付からみる事件の捜査状況はかなり不自然であることも指摘しておきたい。

七、放送同時録音テープ（証拠物）と判決文の分析

1　放送同時録音テープ（証拠物）

放送の同時録音テープは二週間保存されている。手持ちテープの本数に余裕がなかったとの理由でマザーテープはコピーした後消去された。全部で三週間分のテープを持っていたから、多少の不便があるとしても、消してしまわないと業務に支障が生じるというほどのものではない。大切なマザーテープを敢えて消去したのはなぜか、疑問が残る。

裁判では複写を作った人が何の加工も加えなかったと証言すればコピーテープが原本と同一であることが立証されたことになる。裁判では複写されたテープの証拠能力を巡り議論が闘わされたが証拠として採用された。

放送があったのは五月六日。コピーを作ったのは五月十二日。警察へ渡したのが六月五日。この間、人事部副部長が保管していたという。竹田証人は六月十七日警察でそのテープを聞いたが自分の作ったコピーであったと証言している。原音とコピーの音を平行して再生させ、それを聞き比べるのでなければ同一であることの証明にならない。記憶だけで三十分にわたって、それも一箇月以上も前のものと比べて同一であるという証言は、もはや信じるか信じないかの問題である。

人事部副部長が保管していた間、何の加工もしなかったという。これも証言だけで証明できたことになる。裁判における証拠の扱いとはこういうものであった。

放送の同時録音が問題にされているのだが、第一副調整室で通常のテープに放送の同時録音をしておいた可能性は十分にある。その方が後々利用しやすいからである。多田の採証行為を考えると十分あり得ることである。裁判で組合側証人（T．S証人）が証言したように、この証拠テープはサウンドスクライバーからのコピーにしては音（ワウ、トラッキングずれ、音質など）が良すぎるのである。筆者もマスター勤務の経験から、この装置の音質は知っているから強い疑念を持っている。あまりひどいことは考えたくないが、録音テープの加工は放送局にとっては極めて基本的な技術である。極論すれば、どのような加工も可能である。

放送の同時録音記録と聞くと、一般の人は放送された音が正確に記録されているものと思ってしまう。この種記録装置の記録目的から、自動音量調整（取説によると30 dBのAGCがかかる）、周波数特性、低レベル部のストレッチ（高いレベルを押さえると低いレベルはストレッチされたことになる）など色々と特殊な性能が附加されていて、技術的には原音との忠実度をめぐって議論になるところである。そのことはいくら説明しても、騒音が結果的には大きく聞こえるので、理屈が何であれ聞く人の心証は非常に悪くなってしまう。この意味で極めて不利な証拠になったのではないかと思う。このテープは騒音混入の事実を示すだけの証拠として採用された。

コピーを作成した竹田の検察調書では、音のトラッキングずれを何度か補正したとあるが、筆者にはこの人が公判時に例示した箇所と最後のアナウンス（ここはテープの転写のように思えるのだが）以外でトラッキングずれを聞き取ることはできなかった。

また三十分の原本を二本コピーするのに一時間かかったという供述調書（検察調書）は、そのまま信用することができない。通常、巻き戻し、頭出しなどで、かなり余分な時間がかかる。二本のコピーをつくるのに三十分の二倍の一時間では作業は終わらない。公判では、もっと時間がかかり、出来上がったコピーを試聴したことも述べている。この証人の、他の事情に関する検察調書の供述でも、明らかにあり得ない供述がある。どのような事情でこのような供述に及んだのか、真意を測りかねることを付け加えておきたい。

次に放送同時録音テープそのものについて考えてみたい。

現在保存されているのは、この提出されたテープのコピーである。サウンドスクライバーから最低二回はコピーされているが、ここで指摘することは、それでも失われることのない内容である。

この当時、番組は前後に一分三十秒のCMフイルムを使った。CMが終わると番組タイトル、提供スポンサー名、出演者、番組内容などをテロップで見せる。テロップを見せるのは一枚約十秒見当である。

前CMが終わってスタジオの音声に切り替わった直後の三〜四秒間は、かすかなザーというノイズさえもなく、音は完全に絞りきった状態であったことが分かる。次に番組のBG（後に騒音をマスクするために入れたバックミュージックとは別）がややゆっくりとフェードインされている。このレベル（音量）はアナウンスのバックにするためであるからあまり高くない。約二秒後、このBGに重なって労働歌が入る。「……闘いはここから、闘いは今から……」という歌詞の傍線部分がかなりの大きさで重なる。「こ」の辺りでさらにアナウンスが重なる。労働歌とアナウンスのレベルは、労働歌の方がやや高い。アナウンス開始と同時に労働歌は急激にフェードアウトされる。この後アナウンスと共に聞こえる労働歌は歌詞が聞き取れない程度の低いレベルである。当日Dサブに居た組合員の証言は、「コマーシャルが終わって始めはかなり小さな騒音でした。騒音というのはわかるけど、内容は明瞭に聞きとれるというものではなかったと思います」というものであった。始めの二～三秒の大きな労働歌の部分については証言が無い。

このアナウンスの後約二十五秒間はBGだけになる。おそらくここはテロップが出ていたと思われる。BGだけになって約八秒後、レベルはかなり低いが約四秒間シュプレヒコールが聞こえる。途中でボリュームを絞った形跡はない。次に番組の中味になる。アナウンサーのしゃべりの後、子供たちのインタビューが始まる。この間労働歌やシュプレヒコールがかなり大きく入っている。アナウンサーが子供に話しかける。子供が応える。子供の声はあまり大きくない。アナウンサーと子供の声が交互に入る。この間騒音はほとんど同じ大きさで入り続ける。

子供のインタビューが終わって講師やお母さんとの対談が始まった頃騒音が非常に大きくなり、話し声が聞き取れなくなる。約二～三分の後騒音が小さくなる。騒音が非常に大きかったのは扉の開いていた時間である。ここまでに述べた状況から

1　一番始めの十秒程の部分に着目すると

・大きな騒音はアナウンサーのマイクから入ったものではない。

（マイク一本で複数の音の一つだけ大きさを変えることはできない）

・アナウンサーのマイクから入る騒音は非常に低かった。

ということが分かる。

2　始めの労働歌の混入をどう考えればよいのか

騒音の大きさ、急激なフェードアウト、いずれも理解に苦しむ。十メートル離れた扉の隙間から入る騒音が、絞り忘れたマイクから入ったにしては、あまりにも大きすぎる。

3 始めのアナウンスの後の、BGのみの部分の騒音はアナウンサーのおしゃべりがない間はスタジオのマイクは絞るもの、プロのミキサーが騒音の入っているのに気付かないなどあり得ない（山崎はベテランミキサーである）。万一ミスで入った騒音なら、気が付いたらすぐに絞るはずである。絞った痕跡がない。

4 子供とアナウンサーの声は大きさが違うから、子供にマイクを向けたときはマイクの音量を上げるもの、子供とアナウンサーと交互にマイクの音量は調節しなければならない。そうすればこのマイクから入る騒音の大きさは大きくなったり小さくなったりする。そのような変化がないのは騒音が別のマイクから入っているからである。

5 扉が開いていた間の騒音が大きすぎる。騒音は集団の声であるとはいえ、対談のマイクから約十メートル離れている。対談は騒音が入ったので手持ちマイクに切り替えたから、マイクは口元に近づけて使用していた。そのような状況で入る騒音としては大きすぎる。やはり騒音には別のマイクが使われ、故意にレベルを上げたと考えられる。

以上のことから次のことが指摘できる。

◎ いずれにしても、騒音は番組に使用したものとは別のマイクから入ったもので、これは意図的に入れたとしか言いようがない。このことは専門家でなくても容易に理解できることである。

◎ 番組のはじめから、（扉が開く前から）意図的な操作が行われていることから、ミキサーは番組が妨害され騒音が入ることをあらかじめ知っていたことが分かる。計画が無ければあらかじめ知ることはできない。このことから、事件は突発的に生じたものではなく計画的であったことが分かる。

◎ミキサーは番組に騒音が入れば、番組自体の音が聞きにくくならないよう、騒音をできるだけ抑えるよう努力するものである。事実はその逆である。番組妨害の証拠作りの指示なくしては考えられないことである。

◎抗議に行った組合員の行動は、裁判官も言うように突発的に見えるが、偶然の事件に見えるよう組合員の行動を誘導する者が居たはずである。

これだけで、この事件は計画的に仕組まれたものであると結論してもよいと思う。

2　判決文

証人多田猛の供述

「扉は組合員が押し開いた。一旦閉めたが押しもどされた、閉めて音を消そうという努力がむだになったもんですから写真をとりました。」

検察の論告

「…ただ、本件において、Dスタジオ内および放送そのものに騒音が最も大きく入ったのは、午後一時六分ごろから同八分ごろまでのDスタジオ西側出入口扉の北半分が大きく開かれたままの状態の時であり、この扉を開いたものが誰であれ、開いたまま約二分間放置しておいた会社側管理職員の態度は強く非難されなければならない。この様な会社側管理職員の非難さるべき行為との対比において、本件行為の違反性についての評価も変化する可能性はある。」

一審判決

「…前後二回にわたり約二分間開かれ…………多田副部長がDスタジオ内から組合員の抗議状況を撮影したことがあり、そのため労働歌やシュプレヒコールの放送への混入が一段と高くなった。」

「……これらの点から抗議状況を撮影したものと認めるのが相当であり、Dスタジオ西側出入口扉の開閉は管理職員によって行われたものと認定すべきである。」

控訴審判決

「…検察官は右扉が管理者側によって開かれたとしても本件犯罪の成否に関係はないと主張するけれども、管理者側が、証拠保全のためとはいえ、自ら放送中のスタジオの扉を開けたという事実及びその行為がその間の騒音の混入を著しいものにしたという事実は、後記のように本件行為の違法性の判断についての重要な要素の一であることは否定できない…」

「…被告人らの行為による雑音混入の点も、その一部はスタジオ内部から管理職員により扉が開かれたことにより被害が増大していることは前説明のとおりである…」「…しかも右騒音混入のうち特に騒音の著しい約二分間はその騒音の程度内容からみて管理職員が組合対策のため、一時本件放送を犠牲にしてでも証拠保全をはかるため扉を開き、開放したままにしておいたことが大いに加功しているのであって、その前後も会社側のバックミュージックのいれ方の不適切であったことが影響しており、結局、被告人らの本件行為自体によって放送に与えた、したがって会社の損失はこれら直接の原因とならない諸点を除けば軽微なものと考えて差し支えない。…」

最高裁

扉の開閉に関しては全く触れていない。

判決文の中で裁判所は、会社側管理職員が扉を開けたのは、抗議状況を証拠として保全する為の行為であったと述べている点に注意してほしい。

証拠保全とは、証拠に何の細工もしないまま保存することであると思う。この事件では、いみじくも多田証人が撮影の目的を語っているように、組合員が扉を開けた、これはひどい、という嘘の証言のための嘘の証拠とするためであった。扉は会社側が開けたのである。
もともと抗議は扉が閉った状態で行われていた。これがあるがままの状況であった。扉が開かれたことにより、扉が開いた状態での抗議行為となり、その写真が撮られた。これが実際に保全された証拠である。
証拠保全のためであれば、扉が閉ったままの状態の証拠でなければならない。写真撮影の目的は組合員が扉を開けて騒いでいたという証拠を作るためであった。多田は外側から扉の閉っている状態の写真を一枚も撮ってはいなかった。

刑法には

〔偽証〕
第一六九条　法律ニ依リ宣誓シタル証人虚偽ノ陳述ヲ為シタルトキハ三月以上十年以下ノ懲役ニ処ス

〔誣告〕
第一七二条　人ヲシテ刑事又ハ懲戒ノ処分ヲ受ケシムル目的ヲ以テ虚偽ノ申告ヲ為シタル者ハ第百六十九条ノ例ニ同シ

（目的　本条にいう「目的」とは、他人をして刑事若しくは懲戒の処分を受けさせる結果の発生すべきことの認識をもって足り、それを希望することまでは必要としない。（大判大6・2・8刑集二三―四一）

故意　誣告罪が成立するためには、申告事実が虚偽であることについて確定的な認

識を要せず、未必的認識で足りる（最判昭28・1・23刑集七―一―四六）

という条文がある。

多田の証言は偽証に当たる。また扉を開けた行為は誣告の罪に述べているのと同じく、「他人をして刑事若しくは懲戒の処分を受けさせる目的」でなされた行為である。誣告の罪は申告という行為に対するものであるが、本件のような「処分を受けさせる目的でなした行為」については明文が見あたらない。しかし「申告」以上に悪質であり罪は重いと思う。あるいは共犯の罪に当たるのかも知れない。（第六一条　教唆犯）

約二分間扉を開放しておいた行為については検事でさえも「強く非難されるべき行為」と述べているように、騒音をより一層大きく入れる目的であったことは明らかで、判決文で言うような「スタジオ内部から管理職員により扉が開かれたことにより被害が増大している」などというようなものではない。被害者がわざと被害を発生させようとしたものであるのに、多少情状を酌量したようにはみえるが被害そのものの責任だけを問題にしている。裁判所は会社側の誣告の目的「人ヲシテ刑事又ハ懲戒ノ処分ヲ受ケシムル目的」を認識しながらも、そのことには目をつぶってしまった。会社側の行為は誣告の罪と同等の犯罪であると思う。

しかしながら、裁判は訴因（起訴の理由）に対して裁判所の判断を示すものであって、よって来たるところの原因は判断の対象ではないのである。被告人の行為が犯罪を構成するか（構成要件に該当するか）構成要件を満たすならば違法性を阻却する要件はないか、なければ違法であるという論理の構成であって、もっと俗な言い方をすれば、嵌《は》められて犯した罪も違法性を阻却されない、嵌められ損なのである。

この事件での最も重要な出来事は扉の開放である。放送中のスタジオの扉を開いて、証拠保全と称して写真を撮影し、騒音をいっそう大きく入れるために約二分間開放した。自分たちで騒音をいっそう大きく入れようとしたのである。放送を犠牲にしてまでも組合員に業務妨害の罪を着せようとしたのである。

組合員の行為が威力業務妨害に当たるというのなら、この二人の行為は、組合員の行為よりもはるかに積極的な威力業務妨害である。そのうえ「人ヲシテ刑事又ハ懲戒ノ処分ヲ受ケシムル目的」も明らかである。

岸辺、多田二人の「組合員が扉を押し開けて騒いだ」という嘘の供述が逮捕の理由になったことは極めて重要である。

これほど明確に組合員の行為を告発（これこそ誣告の罪に当たる。）しておきながら自分の行為は忘れていたなどということはあり得ない。岸辺の「自分が扉を開けたことを思い出しました」という供述の訂正は単なる物忘れを思い出したというようなものではない。

この嘘の意図は十分に吟味されなければならない。

もしも岸辺の記憶違いが事実なら前言の訂正で済むものではなく、結果の重大さについて会社からも検察からも責任を追及されなければならない。多田が最後まで偽証を続けたことは論外である。

庶務部副部長に制作技術部長を指揮する権限があろうはずはない。制作技術部長が庶務部副部長の指示に従って扉を開き、開放したまま放置したのである。こんなことは庶務部副部長が会社の特命によって行動していることを制作技術部長が了解していない限り起こりえない。

検察官の指摘する会社側管理職員の「非難さるべき行為」は、このような事情を考慮すれば容易に理解できることである。

二人の行動も嘘の供述も、常識的には会社側の指示に従ったものと考えるしかない。二人の責任は問われなかったばかりか、岸辺は後に副社長を務め、多田は定年後子会社の役員に就任している。

それでも会社側に、刑事々件にしようという作為はなかった、そう信じることができるだろうか。岸辺の「扉を開けたのは組合員であった」とか、「扉を押し開いて騒音を入れた」とかという嘘の供述は、自分が扉を開けたとは言えなくなったので、やむなくついた嘘などとは次元が違うのではないか。供述調書での嘘は刑法第一六九条の偽証の対象にはならないことを知っての嘘ではなかったか。最高裁判例にならって「高度の蓋然性」を「経験則」から推論すると、「作為があった、計画的な行動と嘘の供述であった」という結論しかないのではないか。

八、終章

若干の補足

会社側職制の多くが調書の最後に「このような行為をした組合員は何も知らないでやった…自分達の部下を罰してくれと言いたくないが、後ろで糸を引く者を罰して欲しい」と述べている。あえてこのように供述させた者は誰か、後ろで糸を引いたものは実は誰であったのか。彼らの部下達（茨木、仁科、渡瀬、および次に述べる二名）で起訴されたものはいない。実は多田の撮影した写真で氏名の特定できる者は八名である。そのうち二名は逮捕もされなかった。副委員長は現場に居なかったから写っていない。噂によると一名は検事である兄のお陰で逮捕を免れたとのこと。もう一人は理由が分らない。四名が選ばれて起訴された理由について公判で釈明を求めたが、検事は最後まで釈明しなかった。取調べ中に「起訴するのは誰でもいいんだからな」と言われている。

事件の直接の引き金は茨木宏が委員長に抗議行動の指示を出させたことである。抗議行動の内容は茨木の進言によるものである。Dサブの組合員の声であったというが、気の進まない委員長を強引に説き伏せた熱意は単に組合員の声を伝えたかっただけとは思えない。

逮捕された者の供述で岸辺が扉を開いたと聞かされて、取調べに当った担当検事は驚き当惑したようである。被告人の意見陳述の中で「気でも狂ったのか、ええかげんなこと言うな、嘘を言うにも程がある」と恫喝《どうかつ》されたことが述べられている。その後「もう一度調べてみる」といって、後に岸辺と面通しさせ、それからは、扉の開閉については何も聞かなくなったと述べている。

これは担当検事が取り調べ中に初めて真実を知ったことを窺《うかが》わせる出来事である。少なくとも逮捕と取り調べの段階では、担当検事は組合員が扉を押し開けたと信じていたようにみえる。

当初、起訴状には「組合員が扉を押し開け云々」はなかった。しかし、第八回公判に至って起訴状に「組合員が押し開いた云々」が追加された。追加というより、逮捕時の筋書に戻ったというべきかもしれない。供述調書をつなぎ合わすと組合員が押していた、したがって押し開けたと主張できると考えたようで、そのような論理で論告している。

岸辺が供述を翻したタイミングは都合がよすぎると思う。多田のように最後まで嘘をつきとおすことを嫌った可能性もある。指示された行動であった可能性も考えられる。始めの嘘は事件の引き金を引く役割として必要であったという見方も可能である。

ケーブルが切れてもよいと思って力一杯閉めたという岸辺の供述がある。

技術の部長の言葉とは思えない。非常に不自然である。本当に切れてもよい、番組は中断されてもよいと考えていたように思われてならない。

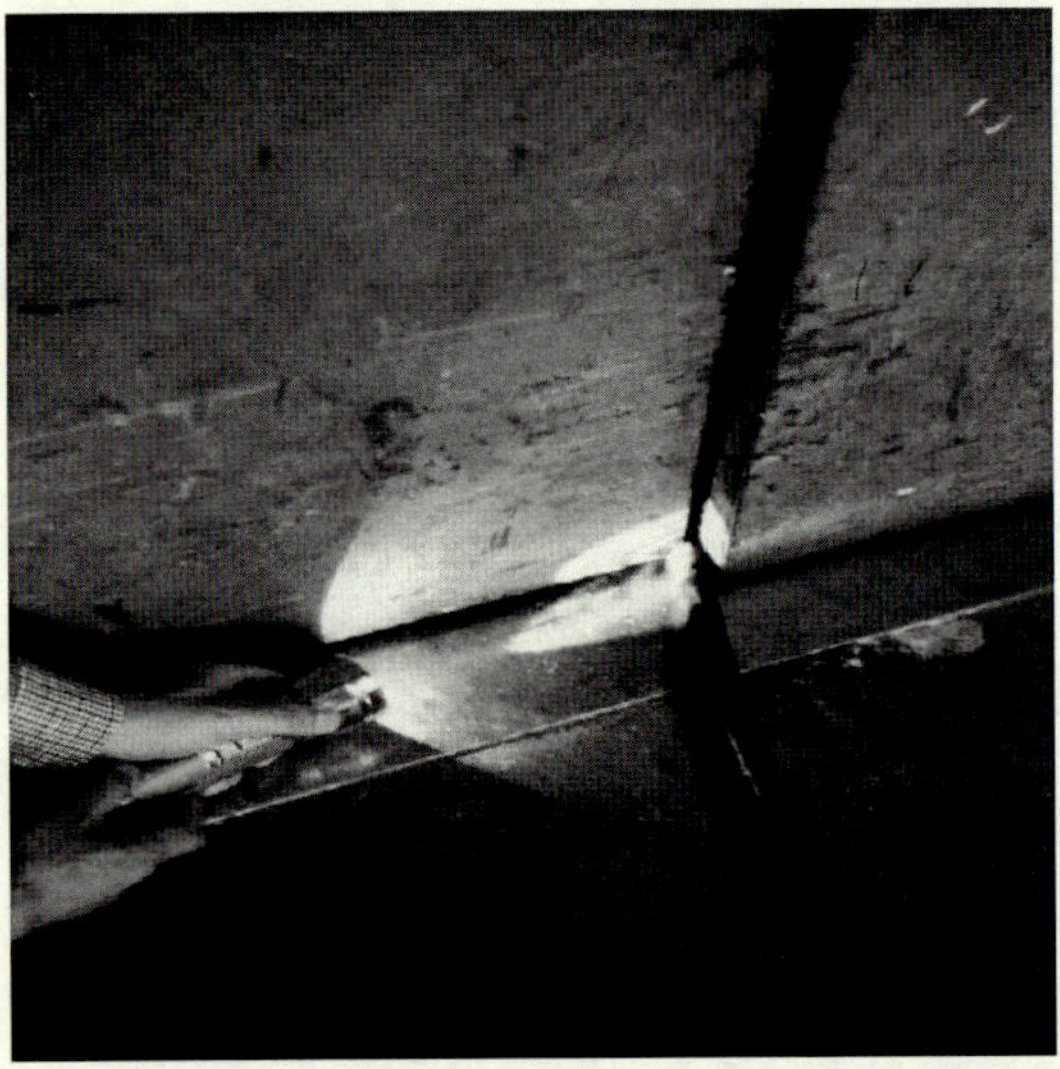

カメラケーブルを挟んで閉められたDスタジオの扉
切れなかったのが不思議である（労働組合写真班撮影）

私はこう考える

当初私は岸辺順一の嘘を許せないと思った。扉を開けたのは自分ではない、組合員だと言ったのは苦しまぎれの嘘であったのかも知れないとも思った。それにしても自分の行為を忘れていたなどという弁解はあまりにも人を食った話である。あんな物忘れはあり得ない。忘れておりましたと訂正すれば責任は無くなるとでもいうのだろうかという強い怒りを覚えた。

もう一つは茨木宏の嘘である。そもそもの事件の発端は彼の抗議行動への強要である。彼の供述では、委員長に決断を迫ったことは全く触れておらず、数名の中闘が相談し、副委員長が決定を下し指示を出したというのである。このため副委員長は誤認逮捕された。裁判が地裁、高裁、最高裁と続く中で茨木は組合を脱退した。自分は何も関係が無かったような態度は許せないと思った。当時は二人への怒りはあったものの、事件の作為性への疑惑とは強くは結びつかなかった。

裁判記録が整理され精読できるようになって一件記録を読み直し、録音テープも聞いてみると次々に疑問が湧《わ》いてきた。供述調書を読み比べてみると色々な矛盾、不自然さが浮かび上がってきて疑惑は拡がるばかりであった。疑問に思うようになった点は次のようなものであった。個々の問題についてはすでに述べたので繰り返さない。

一、多田にはなぜあんな大胆なことができたのか。

放送中のスタジオの扉を岸辺に開かせて写真を撮った。そのあと扉を開放したまま約二分間も放置した。それを誰も制止しなかった。こんなことがどうしてできたのだろう。

二、茨木の嘘

委員長に抗議行動の指示を出させたときの供述は完全な嘘である。このとき、組合員の意向を委員長に伝えた、委員長が最終的にやろうと言ったと事実のまゝ供述しなかったのには理由が有るはずである。事実のとおり供述しておれば、これほど彼への疑惑は深まらなかっただろう。

おかしいと思って読むと、彼の供述は周到に検討されていて極めて巧妙で、微妙な表現が多い。供述の嘘も問題であるが、当日の朝からの言動はすべて事件の手引きと考えれば納得できる。

三、録音テープへの疑問

テープを聞きなおしてみて、あまりにも不思議なことが多いのに気付いた。音声担当者は番組の始めから意図的に騒音を混入させている。扉が開かれるという出来事の生じる前から番組に騒音を混入させていることの意味は重要である。これは事件の計画性を物語るものである。

四、カメラ一台マイク一本

ピケを張られてDサブが使えなくなったとき、せめてカメラ一台マイク一本でやろうとした、という供述がある。(山崎、芦田、岸辺、)。あまりにも同じ表現で不自然に感じられる。このほかに茨木の供述にまで、同じ表現が出てくるのである。

五、シャツターの故障

シャッターの故障はみんな知っていたはずである。なぜ、会社側も検察側もこのことに触れたがらないのであろうか。

六、放送本部の指示

放送本部は争議中の放送の運行を指揮するところである。代替要員の勤務割りまで作ってあったのだから、いろいろな事態を想定した対策も考えていたはずである。Dサブにピケを張られたという山崎の電話に何も指示を出さなかったはずはない。実際、一サブと連携して放送に当たった。当然あったはずの指示を誰もが隠そうとするのは、知られたくない作為があったからではないか。

七、多田は現場へ直行した。

多田はモニタで騒音を聞き、カメラを持って現場に駆けつけた。彼はCスタの中を横切りDスタ大道具室前扉へ直行した。人事部からついていった人達は多田を見失って現場へは行けなかった。騒音を聴いて、和田プロデューサーは組合員がDサブで騒いでいて、その騒音が放送に入ったと思ったと供述している。なぜ多田には現場がサブではなく大道具室側と分ったのだろうか。人事部員の供述によると写真は十三時五分に撮影された。ボリュームを上げて騒音を確認できたのは二分から二分半頃のはずである。この後約百五十米走っている。段取りがよすぎるのではないか。

八、「しばらくお待ちください」を出さなかった。

放送をしていた第一副調整室には放送部長始め多くの技術スタッフが居たが誰も騒音がどこから入っているかCサブやDサブに問い合わせることなく、約二分間大きな騒音のまま放送を続けた。こんな場合、普通は「しばらくお待ちください」とお断りテロップを入れ、放送を中断するものである。約二分後は、もとに戻ることが分っていたのか、そのうちに放送ができなくなる事態を予測していたのか。二分間はかなり長い時間である。

九、後ろで糸を引く者

多くの職制が供述の中で「後ろで糸を引く者を罰してほしい。部下達は踊らされているだけ。」と述べている。彼等の部下達は逮捕はされたが起訴されなかった。本当に糸を引いたのは誰だろう。

十、なぜ委員長ではなく副委員長を逮捕したのか

副委員長は起訴もされなかった。誤認逮捕のことには何も触れられなかった。誰もなんにも証言していないのに、現場に居て共謀に加わったと検事の釈明があるが、不起訴の理由の釈明はない。

十一、事件の経過

多くの人が岸辺の嘘の供述が事件の発端であると思っている。しかし捜査が開始されたのは彼らの供述より一箇月近くも前である。写真を警察に渡したのは五月十九日、岸辺調書は七月十二日である。会社が二人に騙《だま》されたのか（もしそうであれば二人の責任問題が発生したに違いない。）、二人が会社の指示に従ったのかのいずれかであろう。

Dサブで番組の制作に当たっていた組合員がストに入り、扉も閉らない、カメラは一台という状態で会社側が放送を強行しようとしているのを見て、何とか放送をやめてほしいと組合員が思ったのはむしろ自然であると思う。そのような強い意向を委員長に伝え、抗議行動に行く指示を求めたという事情が事実であったのなら、委員長を説得した茨木の行動が非難されるいわれはなく、嘘をつく理由が見当たらない。この嘘には理由が有るに違いない。

私は傍で二人の話を聞いていたから彼の供述が嘘であることを知っている。しかし、調書を見た

だけでは真偽のほどは分らない。私はこの調書の嘘を知っているので彼の他の供述もそのまゝは信じない。読者にとっては、私の証言の方が正しいと信じる特別の理由はないだろう。嘘の記録もこうして残されると、特に指摘されないかぎり疑いさえも持たれなくなる。恐ろしいことである。

茨木以外の者の供述には必死の訴えを感じる。たとえ思い違いや記憶違い、あるいは弁解があっても、自分たちの行動が行き過ぎであったかも知れないが、それでも真実を知ってほしいというひたむきな思いが伝わってくる。供述調書が取調官の作文であるにもかかわらず、である。茨木の供述調書にはそれが無い。中闘会議の決定に従ったという言い訳ばかりが目立つのである。

この日の茨木の行動には一つの目的があったと考えると納得ができる。それはDスタジオ西側扉前へ組合員を誘導し、抗議の歌をうたわせ、シュプレヒコールをさせることであった。

シャッターの故障は偶然かも知れない。故意の可能性も否定はできないが、故障の利用は会社側の誰が考えたとしてもおかしくない。この状況でDサブにピケを張れば誰が考えてもCスタからカメラを引き込み、Cサブか一サブから放送することになるだろう。シャッターは故障して閉まらない、扉はケーブルを挟んで閉まらないから隙間が出来る。外の騒音は防げない。これを見た組合員は憤慨する、このとき抗議に行こうと誘えば後は必然の成り行きであったと考えられる。

検察は会社の訴えを聞いて八人を逮捕した。現場に居たことが明らかであるにもかかわらず逮捕されなかった者が二人いる。逮捕直後の供述調書の開示が無いことから逮捕直後に茨木宏と仁科聡が検察側証人に選ばれたとみてよいだろう。起訴されたのは制作技術局以外の者ばかり、つまり参考人調書を取られた者の部下たちは全て不起訴になった。一連の人選が会社の意向によることは明白である。検察は茨木の嘘の供述により副委員長を逮捕したが何も明らかにできなかった。捜査が攪乱《かくらん》されたため幹部責任追及の手がかりを見失ったに違いない。茨木が事実のとおり供述すれば茨木の果たした役割が分かってしまう。戦術まで任されていたにもかかわらず執拗に委員長を説得して指示を出させたことが明るみに出て、同時に委員長と、中闘でもある茨木の本件行為の指導者としての責任が明らかになるだろう。それでは茨木を不起訴にして検察側証人にするわけにはいかなくなってしまう。このように考えると嘘の供述の意味が理解できる。茨木を不起訴にしないと会社は困るのである。茨木は後に、副委員長が決定を下したとは言い切れないと前言を取り消したが、検察は訂正を認めず、公判であえて嘘の証言をさせている。それは副委員長の誤認逮捕を自ら認めないためにも必要であったのかも知れない。岸辺、茨木は共に取調べが全て終ってから供述の最重要部分を取消した。検察官の胸中が穏やかであったわけはないだろう。

検察としても事実の把握は重要である。実行行為を指揮したとして副委員長を逮捕しているように、本来は事件を指示した組合責任者の責任を問うつもりではなかったか。誰が考えても一番の責任者は委員長である。現場共謀の事件に矮小化してしまった理由は何か。このあたりの検察及び会社の思惑を考えると、偽証の意味とひいては本事件の真の姿が理解できるのではないだろうか。

検察は、組合員が扉を押し開けて騒音を入れたという会社の訴えにより捜査を開始した。扉を開けた者が組合員であるという管理職の供述を真に受けて組合員を逮捕した。面通しまでして取調べてみると、扉を開けたのは会社側であることが分かった。そのときの取調べ検事の態度、論告の中での会社側管理職員の態度への非難から検察側の会社への恨みが窺える。

シャッターの故障を労使双方が知っていたことを、警察も検察も裁判所も知らなかった。検察は途中で気付いたが、作為との関係を知ってあえて踏み込まなかったのではないかと思う。

扉を開けた者が会社側であったことを認めたのでは検察の面目は丸潰れである。論告では無理矢理組合員が押し開けたと主張はしたが、「…開いた者が誰であれ…」開けたまま放置したことについては「強く非難されなければならない」と述べている。本来こんなことを検察が言う必要は無い。最高裁は扉のことには一切触れず完全に黙殺した。最高裁の判決は「始めに結論ありき」である。

会社は「証拠を揃えれば後は司法の仕事である、ストは単なる就労放棄に留まるべきとの法律論争に持ち込み最高裁までいけば当時の情勢から有罪判決が期待できる」と判断していたものと考えられる。

最高裁判所の判決は、法律的判断というよりも争議のあるべき姿についての司法当局の考え方の一方的な宣言であったように思えてならない。説得力のある論理が無いのである。

私が直接聞いた話ではないが、後日岸辺が「悪いと思うたから、扉を開けたのは俺や言うて来たそう怒るなよ。」と茨木に言ったと言うのである。（茨木が語った話）作り話の可能性もあって真偽のほどは分からないが、いろいろな可能性が考えられるので記録にとどめておくことにする。

後年、関係者の一人が、ある警察署の刑事と仕事で会ったとき、当該署に居た頃の話として「おたくの会社はよう無理言うて来ましたで」と述懐していたという。

私は「カーペットを引き抜いた者が居た」、「芦田が電話の後、Cスタジオの扉が開いているのを見てCスタカメラの使用を思いついた」と認定したのは裁判所の事実誤認であると思っている。

事件後のこと

八名が逮捕され、拘留理由開示公判のさなか、事件の責任をとってもらうとして三役四人は解雇された。

解雇された者は守衛の実力阻止により食堂へも入れなかった。これに対抗して組合員は三役をガードして食堂に入る毎日が続いた。食堂は一般来客も利用しているものである。

執行委員の改選には会社の息のかかった対立候補が大挙して立候補したが全員落選し、解雇された三役は再選された。組合脱退者が相次いだ。

会社は第二組合の結成を指導した。（曙会といった）それを直接指導したのは、争議のとき放送本部に居た放送部長である（当社新卒入社の社員から常務に昇進した初めての人）。このとき、春闘に際し、労務担当常務で団交の会社側メンバーであった常務が二組結成の動きを組合に教えてくれた。会社の労務政策への批判からと思われる。（この人はこの後当社の役員から離れ某R放送局の社長になった。）二組は会社の期待したようにうまくいかなかった。組合脱退者の昇格、昇進が露骨に行なわれ、組合脱退が相次いだ。組合を脱退しなかった者は昇進だけでなく配置転換、出向、転勤、仕事の割り振りなどあらゆる手段で嫌がらせをされた。非組合員への闇手当の支給まであった。

組合員は脱退により次第に減っていった。一方、起訴された者は休職となり、基本給だけ支給されたがそれも途中から打ち切られ、解雇者四名、休職者四名計八名の生活は組合員のカンパで支えた。

解雇された三役四人は不当労働行為として労働委員会に救済を申し立てた。

次に解雇事件訴訟と刑事事件裁判の経過を示す。

解雇事件の経過

提訴年月日	提訴先	(申立者)	判決内容	判決年月日
四〇・九・二	地方労働委員会	(組)	解雇取消し原職復帰、賃金支払い	四二・一二・二七
四一・一二・二七	仮処分地裁民事	(組)	従業員として扱え、賃金支払え	四三・八・一
四三・一・九	中央労働委員会	(会)	再審申立棄却。初審命令を守れ	四四・七・二六
四三・八・五	仮処分控訴高裁	(会)	緊急命令履行確認書交換、取下げ	(四七・一二)
四三・一二・二四	一時金請求地裁	(組)	組合請求額満額支払い命令	四三・一二・二四
四四・七・一	賃上及一時金仮	(組)	四一年以降の賃上及一時金支払い	四四・七・一五
四四・八・二二	東京地裁民事	(会)	申立棄却	五〇・三・二五
四四・一〇・九	同　緊急命令	(組)	地労委命令に従え	四四・一〇・三〇
五〇・四・五	東京高裁民事	(会)	解決協定により会社控訴取下げ	(五一・九・二一)

刑事事件の経過

		判決内容	判決年月日
四〇・一〇・二三	地裁	無罪	四五・四・四
四五・四・一七	高裁	控訴棄却（無罪）	四七・一・三一
四七・三・二七	最高裁	有罪（罰金各自一〇、〇〇〇）	五一・五・六

昭和四五年五月六日　特別休職四人、解雇四人の八名職場に復帰。

昭和五一年九月一日　全面解決協定の調印
　組合三役　（解雇）　一切の処分、措置の白紙撤回
　被告人四名（特別休職）　〃

昭和五九年五月　昇格差別問題和解解決金　組合全体に対して五千万円
（基本給の不利益の回復はなかった）

　解雇した者、刑事事件で有罪にされた者を原職に復帰させ一切の処分を白紙撤回した労働争議は殆《ほとん》ど例がない。それでも組合の被った打撃は計り知れない。多くの若者の人生に決定的な影響を与えてしまった。その回復は不可能である。今でも社内にはこの時の後遺症が残っている。

　会社はこの事件をどのように評価し総括したのだろう。最終結末は社長のシナリオの中の選択肢の一つであったように思われてならない。

参考資料　昭和四〇年五月（事件発生前）　組合員数約四五〇名
　　　　　昭和四五年四月（一審判決時）　組合員数約二〇〇名

あとがき

私にはこの事件のことを知っている人、特に事件が組合の過激な闘争方針によって引き起こされたものと一途に信じておられる方々には是非読んでもらいたいという思いがあります。

本文の中にも書きましたが、私は数少ない生き証人でもあります。公式記録には残っていない事実を記録に残しておく義務があると思います。それは事件発生の直接的な原因に関わるものであったからです。

元来は事件の作為性を訴えたかったのですが、明らかな直接的証拠がないのに作為があったというのは言い過ぎではないかという考え方もあります。

私は証言や録音テープの分析から極めて蓋然性の高い推論ができたと思っています。この事件では作為性を否定する方がむしろ不合理かつ不自然であると思うのです。

それよりも、警察・検察・裁判所が誰のために在るのか、と言う問題を痛感しました。

私は、この事件が完全に計画どおりに展開されたものであったとまでは思いませんが、和解後のことを含め、大筋として会社の思惑どおりになったのではないかと考えています。

この機会を与えてくださった多くの関係各位に感謝します。

平成十六年（二〇〇四年）四月

大河　素

注　平成七年度の六法全書を使っていたが、刑法は平成七年に口語文に変わり、その際第一七二条は「誣告の罪」から「虚偽告訴等の罪」に変わり、「申告」が「告訴、告発その他の申告」と変わったが実質は変わっていないと思われるので敢えて書き換えなかった。

付録

付録　I　憲法・刑法・刑事訴訟法抜粋

一　日本国憲法

〔法の下の平等〕

第一四条　①　すべて国民は、法の下に平等であって、人種、信条、性別、社会的身分又は門地により、政治的、経済的又は社会的関係において、差別されない。

②③略

〔逮捕の要件〕

第三三条　何人も、現行犯として逮捕される場合を除いては、権限を有する司法官憲が発し、且つ理由となってゐる犯罪を明示する令状によらなければ、逮捕されない。

〔不利益供述の不強要、自白の証拠能力〕

第三八条　①　何人も、自己に不利益な供述を強要されない。

（憲法三八条一項は、…取調べに際して…被疑者に事前に黙秘権を告知理解させるべき手続きの義務を規定したものではない…。最高裁）

② 強制、拷問若しくは脅迫による自白又は不当に長く抑留若しくは拘禁された後の自白は、これを証拠とすることができない。
③ 何人も、自己に不利益な唯一の証拠が本人の自白である場合には、有罪とされ、又は刑罰を科せられない。

二　刑法

〔刑の種類〕
第九条　死刑、懲役、禁錮、罰金、拘留及ヒ科料ヲ主刑トシ没収を附加刑トス
〔共同正犯〕
第六〇条　二人以上共同シテ犯罪ヲ実行シタル者ハ皆正犯トス
（明示の意志表示がなくても、暗黙の意志連絡があれば共謀といえる。（最判昭二三・一一・三〇））
〔教唆犯〕
第六一条　① 人ヲ教唆シテ犯罪ヲ実行セシメタル者ハ正犯に準ス
② 教唆者ヲ教唆シタル者亦同シ
〔従犯〕
第六二条　① 正犯ヲ幇助シタル者ハ従犯トス

②　従犯ヲ教唆シタル者従犯ニ準ス

（不作為による従犯）

不作為による幇助は、他人の犯罪行為を認識しながら、法律上の義務に違反して不作為を行い、それにより犯罪の実行を容易にさせることによって成立する。

（大判昭三・三・九刑集七－一七二）

（間接幇助）

幇助者の幇助行為を容易にする者は、正犯者の実行を間接に幇助したものとして、その者に従犯が成立する。（最決昭四四・七・一七刑集二三－八－一〇六一）

〔偽証〕

第一六九条　法律ニ依リ宣誓シタル証人虚偽ノ陳述ヲ為シタルトキハ三月以上十年以下ノ懲役ニ処ス

〔誣告〕

第一七二条　人ヲシテ刑事又ハ懲戒ノ処分ヲ受ケシムル目的ヲ以テ虚偽ノ申告ヲ為シタル者ハ第百六十九条ノ例ニ同シ

（目的）

本条にいう「目的」とは、他人をして刑事若しくは懲戒の処分を受けさせる結果の発生すべきことの認識をもって足り、それを希望することまでは必要としない。（大判大6・2・8刑集二三－四一）

故意　誣告罪が成立するためには、申告事実が虚偽であることについて確定的な認

識を要せず、未必的認識で足りる（最判昭28・1・23刑集七－一－四六）

〔同時傷害　特別共犯例〕

第二〇七条　二人以上ニテ暴行ヲ加ヘ人ヲ傷害シタル場合ニ於テ傷害ノ軽重ヲ知ルコト能ハス又ハ其傷害ヲ生セシメタル者ヲ知ルコト能ハサルトキハ共同者ニ非スト雖モ共犯ノ例ニ依ル

三　刑事訴訟法

〔一般司法警察職員と捜査〕

第一八九条　①　警察官は、それぞれ、他の法律又は国家公安委員会若しくは都道府県公安委員会の定めるところにより、司法警察職員として職務を行う。

②　司法警察職員は、犯罪があると思料するときは、犯人及び証拠を捜査するものとする。

〔被疑者の出頭要求、取り調べ〕

第一九八条　①　検察官、検察事務官または司法警察職員は、犯罪の捜査をするについて必要があるときは、被疑者の出頭を求め、これを取り調べることができる。但し、被疑者は、逮捕又は勾留されている場合を除いては、出頭を拒み、又は出頭後、何時でも退去することができる。

② 前項の取り調べに際しては、被疑者に対し、あらかじめ、自己の意志に反して供述をする必要がない旨を告げなければならない。

③ 被疑者の供述は、これを調書に録取することができる。

④ 前項の調書は、これを被疑者に閲覧させ、又は読み聞かせて、誤りがないかどうかを問い、被疑者が増減変更の申立をしたときは、その供述を調書に記載しなければならない。

⑤ 被疑者が、調書に誤のないことを申し立てたときは、これに署名押印することを求めることができる。但し、これを拒否した場合は、この限りでない。

(検察官が供述調書を作成する際には、これを供述者に読み聞かせなければならないが、この手続きが仮にとられなかった場合でも、その一事をもって、供述調書の証拠能力が直ちに失われるものではなく、刑訴法三二二条 又は三二一条の要件を満たす限りこれを証拠とすることができる。

(最判昭二八・一・二七刑集七ー一六四))

(憲法三八条一項は、捜査官に対して、その取り調べに際して事前に黙秘権を被疑者に告知理解させるべき手続きの義務を規定したものではないから、事前に黙秘権告知の手続きをとらなかったからといって違憲とはならず、またその取り調べに基づく供述が任意性を欠くと速断することはできない。

（最判昭二五・一一・二一刑集四－一一－二三五九）

〔逮捕状による逮捕の要件〕

第一九九条　①　検察官、検察事務官又は司法警察職員は、被疑者が罪を犯したことを疑うに足りる相当な理由があるときは、裁判官のあらかじめ発する逮捕状により、これを逮捕することができる。　以下省略

②　裁判官は、被疑者が罪を犯したことを疑うに足りる相当な理由があると認めるときは、検察官又は司法警察官の請求により、前項の逮捕状を発する。

以下省略

〔検察官の手続・勾留請求の時間の制限〕

第二〇四条　①　検察官は…逮捕状により逮捕された被疑者を受け取ったときは、…留置の必要があると思料するときは被疑者が身体を拘束された時から四十八時間以内に裁判所に被疑者の勾留を請求しなければならない。　以下省略

〔告訴権者〕

第二三〇条　犯罪により害を被った者は、告訴をすることができる。

〔告発〕

第二三九条　①　何人でも、犯罪があると思料するときは、告発をすることができる。　以下省略

〔起訴便宜主義〕

第二四八条　犯人の性格、年齢及び境遇、犯罪の軽重及び情状並びに犯罪後の状況により訴追を必

要としないときは、控訴を提起しないことができる。

(共同正犯者中の一人だけが起訴されたとしても、憲法一四条に違反しない。最高裁)

〔起訴状・訴因・罰条〕

第二五六条 ① 公訴の提起は、起訴状を提出してこれをしなければならない。

② 起訴状には、左の事項を記載しなければならない。

一 被告人の氏名その他被告人を特定するに足りる事項

二 公訴事実

三 罪名

③ 公訴事実は、訴因を明示してこれを記載しなければならない。以下省略

〔弁論〕

第二九三条 ① 証拠調が終わった後、検察官は、事実及び法律の適用について意見を陳述しなければならない。

② 被告人及び弁護人は、意見を陳述することができる。

〔訴訟指揮〕

第二九四条 公判期日における訴訟の指揮は、裁判長がこれを行う。

(注 写真・テレビ等の撮影および録音は禁止される。筆記も禁止される。法には明確な根拠はなく、訴訟指揮として禁止され、慣例的に続いているように思える。)

〔検察官の冒頭陳述〕

第二九六条　証拠調のはじめに、検察官は、証拠により証明すべき事実を明らかにしなければならない。　以下省略

〔起訴状の変更〕

第三一二条　①　裁判所は、検察官の請求があるときは、公訴事実の同一性を害しない限度において、起訴状に記載された訴因又は罰条の追加、撤回又は変更を許さなければならない。　以下省略

〔証拠裁判主義〕

第三一七条　事実の認定は、証拠による。　（注　供述も証拠である）

（判決で認定する事実は、・・・すべて適法な証拠調べをなした証拠によって認定することを要する。　（東京高判昭二十五・七・二九高刑集三―二―三四八））

（訴訟上の証明は、いわゆる歴史的証明であって、「真実の高度な蓋然性」をもって満足する。いいかえれば、通常人なら誰でも疑いをさしはさまない程度に真実らしいとの確信を得ることで証明ありとするものである。　（最判昭二三・八・五刑集二―九―一一二三））

（刑事裁判において「犯罪の証明がある」とは「高度の蓋然性」が認められる場合をいい、それは、反対事実の存在の可能性を許さないほどの確実性を志向したうえでの「犯罪の証明は十分」であるという確信的な判断に基づくものでなければならない。　（最判昭四八・一二・一三判時七二五―一〇四））

〔自由心証主義〕
第三一八条 証拠の証明力は、裁判官の自由な判断に委ねる。
〔証拠の取捨選択及び事実の認定は、事実審裁判所の専権に属するが、それは経験則に反してはならない。 最判昭二三・一一・一六刑集二―一二―一五四九〕

〔被告人の供述書・供述録取書の証拠能力〕
第三二二条 ① 被告人が作成した供述書又は被告人の供述を録取した書面で被告人の署名若しくは押印のあるものは、その供述が被告人に不利益な事実の承認を内容とするものであるとき、又は特に信用すべき情況の下にされたものであるときに限り、これを証拠とすることができる。但し、被告人に不利益な事実の承認を内容とする書面は、その承認が自白でない場合においても、第三一九条の規定に準じ、任意にされたものでない疑いがあると認めるときは、これを証拠とすることができない。
② 被告人の公判準備又は公判期日における供述を録取した書面は、その供述が任意にされたものであると認めるときに限り、これを証拠とすることができる。

〔当事者の同意と書面・供述の証拠能力〕
第三二六条 ① 検察官及び被告人が証拠とすることに同意した書面又は供述は、その書面が作成され又は供述のされたときの情況を考慮し相当と認めるときに限り、第三二一条乃至前条の規定にかかわらず、これを証拠とすることができる。

付録 II 用語等解説

立件　要件が備わっているとして裁判所や検察庁などで事件として受理されること。

証拠能力　証拠が厳格な証明の資料として用いられるために必要な資格のこと。証拠の証拠能力の有無は、法律上一定されており、原則として裁判官の自由な判断を許さない。

証明力（証拠価値）　証拠の実質的な価値、証拠力とも証拠価値ともいう。その判断は、原則として裁判官の自由な判断に委ねられており、これを自由心証主義という。

拘留　刑の一つ。刑法第九条参照

勾留　勾留は留置場に留め置くだけ。ここで被疑者の供述調書が作られる。

起訴　検察官が裁判所に公訴を提起すること。検察官が裁判所に起訴状を提出すること。

公訴　刑事事件について検察官が起訴状を提出して裁判所の審判をもとめること。

公判　刑事裁判で裁判官が審理・裁判をおこなうこと

控訴　一審の裁判を不服として上級裁判所に取消・変更を求めること

上告　高等裁判所の判決に対して憲法違反、解釈の誤りまたは最高裁判例と相反する判断などを理由として原判決の変更を最高裁に求めること

抗告　下級裁判所の決定・命令に対して上級裁判所に起こす不服申し立て

準抗告　刑訴法上、裁判官による一定の裁判または検察官・検察事務官・司法警察職員による一定の処分に対して不服のある者が行う、取り消しまたは変更の請求

勾留理由開示公判

勾留理由開示を求めることができる。その場合、勾留理由開示公判が開かれる。その結果、裁判所が釈放を決定しても、検察は抗告、準抗告という手続きで異議を申し立て、釈放の取り消しを求める。いずれも却下されるまで釈放されない。

付録　Ⅲ　資料

放送センター平面図

Dスタジオ、放送前の様子

サウンド・スクライバー

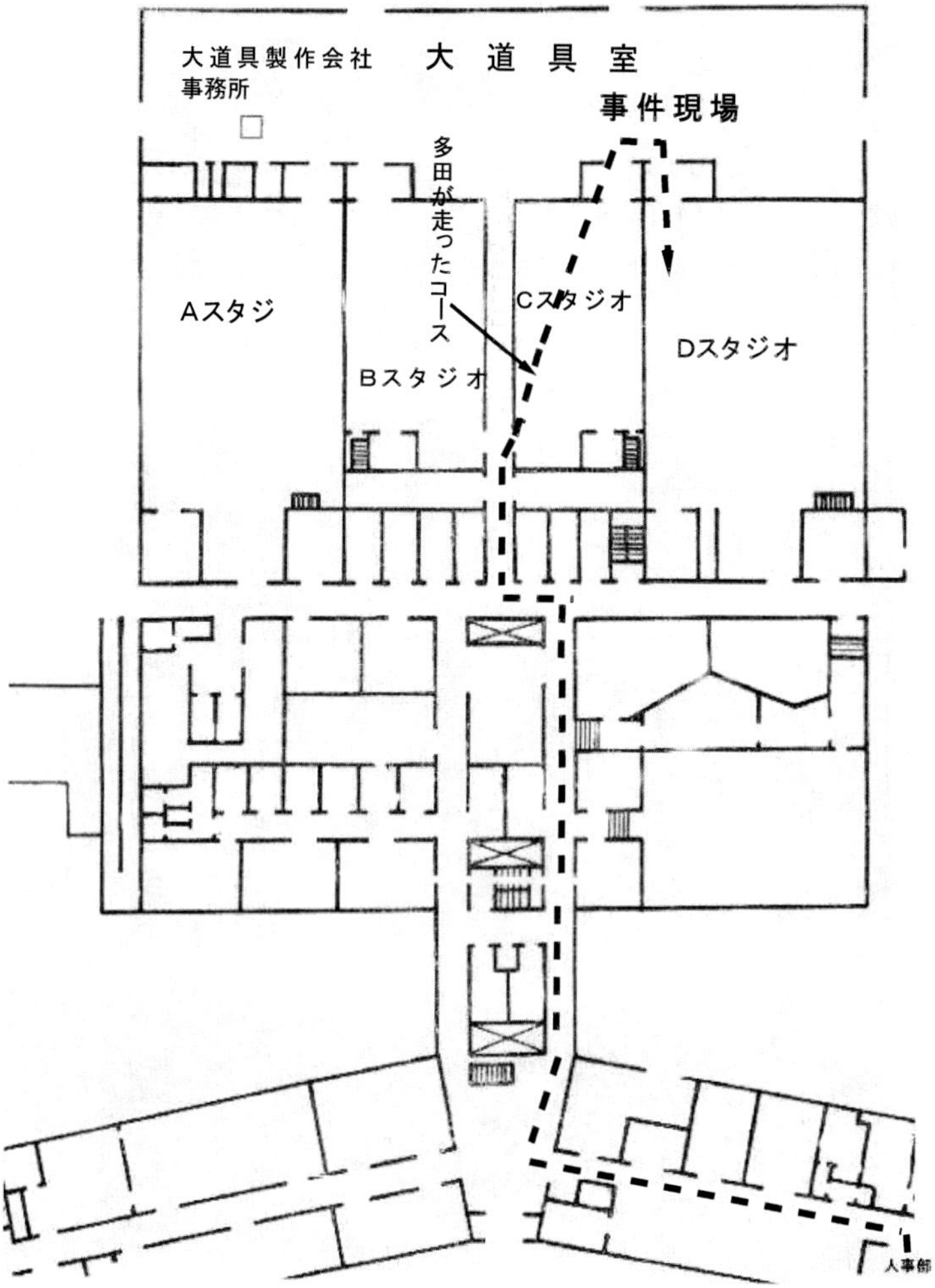

28 ページのイラスト参照

放送前のＤスタジオ

Operating Instructions—Model S-124 Twenty-Four Hour Magnetic Tape Recorder – Reproducer

SOUNDSCRIBER®

MODEL S-124

(NAVY RD 217/UNH)

24 HOUR MAGNETIC TAPE RECORDER-REPRODUCER

OPERATING INSTRUCTIONS

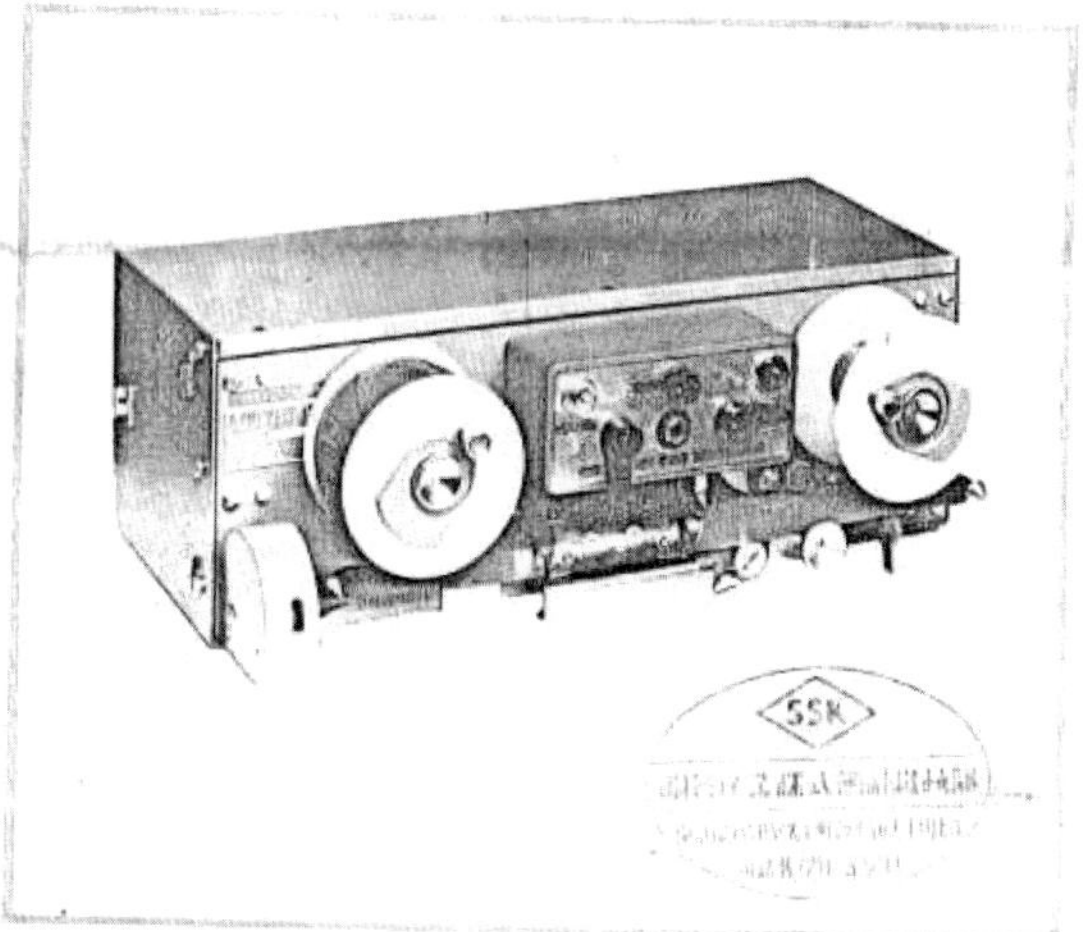

The SoundScriber Corporation

North Haven, Connecticut

この装置は音質を犠牲にして長時間音声を録音するものである。放送されたことを確認するのが目的なので、通常強力なレベル圧縮をかける。2 インチ幅のテープの進行方向に対し直角に回転する録音・再生ヘッドがある。テープの送りには自動制御が無いので、隣接トラックの音を拾いやすくエコーの様に聞こえるが耳で聞きながら手動で補正するしかない。長時間エコー無しの再生はまず不可能である。

著者紹介

大河　素（おおかわ　はじめ）

1932年生まれ

1956年　神戸大学工学部電気工学科卒業

　同年　民間放送局に就職（技術職）

1992年　定年退職

映像情報メディア学会（元テレビジョン学会）会員

著作（共著）　「放送論概説」（ミネルヴァ書房）

テレビジョン学会誌及び雑誌「放送技術」他に研究発表多数

組合歴　所属労働組合の委員長、副委員長、書記長

　　　　地方連合会（地連）副委員長

　　　　本件裁判で特別弁護人を務めた

「ママ育事件」の考察　裁判記録から事件の真実を推論する

２０１６年２月２９日発行　初版第１刷
２０１６年７月２０日発行　初版第２刷

著者　　大河　素

発行者　坂手　崇保

発行所　株式会社　日本機関紙出版センター

〒553-0006　大阪市福島区吉野３－２－３５

TEL 06-6465-1254　FAX 06-6465-1255

振替口座　00960-7-302048

印刷　（株）日本機関紙出版センター

万が一、落丁・乱丁がありましたら、小社宛てにお送りください。
送料小社負担にてお取替えいたします。
ＩＳＢＮ９７８－４－８８９００－９１９－４